DARWIN: THE MAN, HIS GREAT VOYAGE, AND HIS THEORY OF EVOLUTION by JOHN VAN WYHE

Design copyright © André Deutsch Limited 2018

Text copyright © John van Wyhe 2008

This edition arranged with CARLTON BOOKS through Big Apple Agency, Inc., Labuan, Malaysia.

Simplified Chinese edition copyright © 2020 by Publishing House of Electronics Industry Co., Ltd

All rights reserved.

版权贸易合同登记号　图字：01-2019-1510

图书在版编目（CIP）数据

达尔文的故事：一个天生的博物学家和他的进化论/（英）约翰·范维尔（John van Wyhe）著；王晓然译. —北京：电子工业出版社，2020.5

ISBN 978-7-121-38432-5

Ⅰ.①达… Ⅱ.①约… ②王… Ⅲ.①达尔文（Darwin, Charles 1809—1882）—人物研究 Ⅳ.①K835.616.15

中国版本图书馆CIP数据核字（2020）第017213号

审图号：GS（2020）635号
本书插图系原文插图。

策划编辑：郭景瑶
责任编辑：郭景瑶
印　　刷：北京利丰雅高长城印刷有限公司
装　　订：北京利丰雅高长城印刷有限公司
出版发行：电子工业出版社
　　　　　北京市海淀区万寿路173信箱　邮编：100036
开　　本：889×1194　1/16　印张：10　字数：320千字
版　　次：2020年5月第1版
印　　次：2020年5月第1次印刷
定　　价：128.00元

凡所购买电子工业出版社图书有缺损问题，请向购买书店调换。若书店售缺，请与本社发行部联系，联系及邮购电话：（010）88254888，88258888。

质量投诉请发邮件至zlts@phei.com.cn，盗版侵权举报请发邮件至dbqq@phei.com.cn。

本书咨询联系方式：（010）88254210，influence@phei.com.cn，微信号：yingxianglibook。

目　　录

前言

达尔文彻底改变了我们对地球上生命的理解。达尔文最为人所铭记的是他基于自然选择的进化论——一个已经成为生命科学统一基本原则的伟大综论。

达尔文能够仅仅通过自然原因解释不同种类的生物来自哪里，以及如何巧妙地在特定环境适应下来。基于自然选择的进化论是如何被揭示的，其真正历史与多数人熟知的版本大相径庭。达尔文并没有向一个充满了地球神创论者的世界发起挑战，甚至今天关于进化论最戏剧化的证据都是那些在达尔文之前大多由基督教的自然论者率先发现的地质学和生活多样性的广泛特征。纵观这些揭示和发现的过程，可能会让进化论和达尔文的突破更加明白易懂。在达尔文乘坐小猎犬号航行之前，"世界已有几百万年之久的历史且无数代生命已经接连来了又走"这种观点已经几乎被西方自然主义者广泛接受了。每个时代都有其典型的生命形式，当一个物种在化石记录中消失，它就永远不会再回来了。人们相信，新的物种从某种程度上来说会被创造得更适合新时代的新环境。世人甚至已经知道化石是层层演进的：在最古老的岩石中有贝壳，然后是鱼类，接下来是两栖动物，随后是爬行动物，最后是哺乳动物。另外，世界上曾有很多物种，它们远多于先前为人所知的物种数量。有时化石看起来能够补充现生种群之间的空白。人们发现，所有种类的有机体都与另外一些有着密切的联系。甚至，人们发现所有物种都可以作为一个更大种群的亚种。对所有种类的有机体而言，相同的结构似乎都基于相同的模式。对许多物种的胚胎研究表明，胚胎在发展阶段的早期都展现出惊人的相似特征，但这些特征会随着生长发育而消失。有机体在化学组成上也有很多共性。在微观层面上，所有的生命体都是由细胞构成的。

达尔文发现了对物种起源的自然主义解释，也就是解释了物种是哪里来的。就像无数次地震造成的微小隆起最终造就了安第斯山脉一样，从化石记录可以看出，一次次微小的变化才是久而久之促使生命体发生巨变的真正原因。凭借无与伦比的眼界，达尔文能够在观察到细微之处的同时看到宏大的背景。

达尔文认为，不仅人类自己起源于更

早期的动物物种，而且所有现生的及曾在地球上存在过但已灭绝的生物，不管成功还是不成功的后代，都是同样简单的繁殖过程的产物。

遗憾的是，如今很多人并不理解达尔文的成果。解释复杂的基因不一定有助于理解进化论的基本事实。生物个体之间微小的自然差别，例如人类自身和宠物之间的不同，子女与父母在各方面并不完全一样，事实上就是我们需要理解的进化论的全部了。下一步就需要理解这些简单的、直接可以观察到的过程如何重复发生，且将如何累积，进而产生无穷的变化。

本书并不是科学史家通常所写的那种学术著作，也并非为历史学家而写。它是一本将科学史、达尔文及进化论介绍给广大读者的科普图书。

借助于诸多珍贵的史料和插图，本书将达尔文的经历和他对自然现象的研究生动地重现于读者眼前。

时之渊薮

人类永远在好奇着地球的年龄。17世纪20年代，身为牧师和学者的詹姆斯·乌雪（James Ussher）根据圣经记载及历法考证，给出了地球大约已存在6000年的解释，因为他相信创世时间为公元前4004年。

在詹姆斯·乌雪之后的100年里，学者们关于地球本身的研究、发现和争论已数不胜数。尽管这些学者们大多是基督徒或东正教信徒，通过坚持不懈的研究，他们意识到这个世界其实非常古老。虽然在过去的观念看来，这是一个里程碑式的转变，但在17和18世纪，学者不能违逆《圣经》，他们转而在特定的科学领域追逐自己的兴趣并投入巨大的努力，试图将他们的发现与基督教信仰相调和。

18世纪时，法国博物学家乔治·布丰（Georges Boffon）尝试通过实验的方法估算地球的年龄。他准备了一套不同大小的铁球，将它们几乎加热到熔点，再使它们在洞穴中冷却下来。结果，越大的铁球冷却所花费的时间越长。布丰由此计算并得出结论：像地球这样大小的球从熔融状态到冷却状态需经历7.5万年的时间。

大约同一时期，地质学家詹姆斯·赫顿（James Hutton）认为，地球是一台由上帝设计的用以容纳生命的机器。赫顿坚信，地球被牢牢地锁在一个永恒的衰亡与重建的循环中：陆地被侵蚀，沉入海洋，形成地层，后来被地球内部的"热力发动机"抬升，形成新的陆地。赫顿并不是一个纯粹纸上谈兵的理论家。他不懈地长途跋涉，穿过苏格兰南部，研究地球当时的表面是如何形成的。他发现有些岩石的内部构造"不一致"，表明地球的表面已经历了相当长的世代。

例如，他发现某一地层剖面垂直倾斜，然后被另一堆积于其上的水平地层所切断。赫顿的发现说明，这些地层揭示了一个曾来了又去的"连续世界"。关于地球的年龄，赫顿只给出了一个风趣的评价："我们既找不到开始的痕迹，也看不到结束的可能。"

对页：马丁·路德版本《圣经》中所描绘的创世纪，1534年。

右图：关于詹姆斯·乌雪的版画。

上图：《大洪水》，由约翰·马丁（John Martin）于1828年所刻制的铜版画，描绘了诺亚洪水的场景。

地球坚实的地面

"我们感觉自己被带回到过去，我们脚下所立的页岩当时还在海底，我们眼前的砂岩当时才开始在海洋中以砂石或泥土的形式沉积。一个离我们还很遥远的时代展现在我们的面前，那时即使最古老的岩石也尚未垂直立于海床之上，而是水平着栖息在海底，它们也尚未受到将地球的坚实地面击碎的巨大力量的影响……注视着距今如此久远的时之渊薮，我们似乎觉得有些目眩。"[《约翰·普莱费尔作品集》（The Works of John Playfair），康斯特布尔出版公司，1822年，第80页]

赫顿的工作激励了19世纪早期最著名的地质学家之一查尔斯·赖尔（Charles Lyell）。那时，《圣经》和神迹已不再被认为可以作为地质现象的合理解释了，用于说明地球构造特征的诸多自然主义解释已陆续出现。赖尔研究了意大利的埃特纳火山，指出它必定是经历了漫长的时间缓慢形成的。赖尔发现，那些地质上的突发事件可能是一系列平淡无奇的事件累积的结果。他的这一理论被称为均变论，是赖尔理论的关键。他的核心观点是，地球的变化是古今一致的，地质作用的过程是缓慢的、渐进的。

左图：苏格兰哲学家詹姆斯·赫顿，由约翰·雷（John Kay）于1787年刻制。

下图：杰德河河床的地
质不整合情况：倾斜的
沉积河床层被后期的水
平河床层覆盖。源自赫
顿的《地球理论》第一
卷插图3（1795年）。

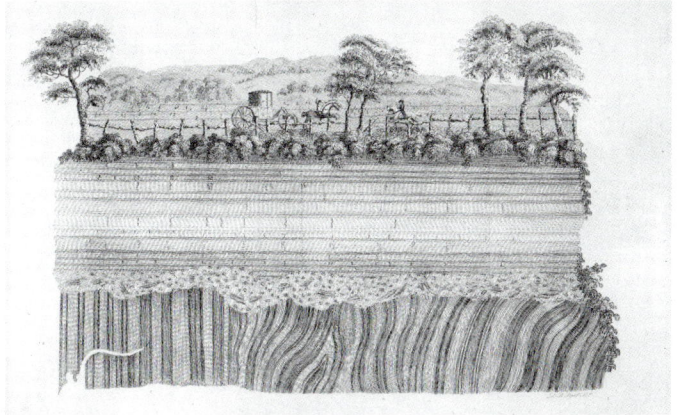

创造新物种

　　赖尔还解释了在地质记录中接连出现和消失的化石物种这一
问题。他试图指出这也是由渐进的自然过程造成的。物种是固定
的，一直随着世界渐渐变化。物种也有可能会因为它们的生存环
境发生巨变而最终灭绝。随之而来的新物种从何而来呢？他认为
物种的产生和灭绝都是一点一点完成的，并且提出理论认为，新
物种在一定程度上是与新环境相适应的"物种创造"。正当赖尔的
《地质学原理》（1830—1833年）即将出版时，一位年轻的英国地质
学家正在南美洲做研究，得以验证赖尔的均变论的一部分观点。他
还发现赖尔对于新物种从何而来这个问题的回避不能令人满意。
他就是查尔斯·达尔文。

右图：查尔斯·赖尔，由欧内斯特·爱德华兹（Ernest Edwards）于
1865年拍摄。

CAROLI LINNÆI

EQUITIS DE STELLA POLARI,
ARCHIATRI REGII, MED. & BOTAN. PROFESS. UPSAL.;
ACAD. UPSAL. HOLMENS. PETROPOL. BEROL. IMPER.
ACAD. UPS. MONSPEL. TOLOS. FLORENT. SOC.

SYSTEMA NATURÆ

PER
REGNA TRIA NATURÆ,
SECUNDUM
CLASSES, ORDINES,
GENERA, SPECIES,
CUM
*CHARACTERIBUS, DIFFERENTIIS,
SYNONYMIS, LOCIS.*

TOMUS I.

EDITIO DECIMA, REFORMATA.

Cum Privilegio S:æ R:æ M:tis Sveciæ.

HOLMIÆ,
IMPENSIS DIRECT. LAURENTII SALVII,
1758.

自然的丰盛

17世纪末，英国杰出的博物学家约翰·雷发表了几百种生物物种的名单。截至18世纪末，人类已知的物种数量已经增长到了几十万种。

当欧洲的船只第一次环游全球时，一些新物种开始为人所知，例如从鼠海豚到渡渡鸟，再到澳大利亚一些奇怪的有袋物种。分类学家，如瑞典植物学家卡尔·林奈（Carl Linnaeus），创立了复杂的系统来将它们分类，并且发现所有种类的有机体都与另外一条相似的生物链有联系。甚至，他发现所有物种都可以作为一个更大种群的亚种。举例来说，所有种类的狼都可以与狐狸、豺和狗一起划分为犬科。

有时，化石的存在似乎填补了现生种群之间的空白。无论如何，化石也可以通过同样的方式进行分类。在所有类别的有机体中，相同的结构似乎都基于相同的模式。类似的是，对很多物种的胚胎研究表明，它们在早期发育阶段都体现出惊人的相似性，而这些特征会随着生长发育而逐渐消失。人们还发现，生命体在化学组成上有很多共性，而微观观察则表明所有的生命体都

由细胞组成。尽管化石一直存在，很多世纪以来人们都不是很清楚化石是否和有机体有关。而当人们共同投入了更多注意力来研究这些神秘物体的时候，就明白了它们都是曾经真实存在过的活体植物或动物的石化遗存，而不只是岩石内部的某种自然运动。17世纪时，英国的博物学家罗伯特·虎克（Robert Hooke）通过新发明的显微镜对比化石与对应活体的结构，成为最早发现化石曾是有机体的人之一。丹麦物理学家尼古拉斯·斯坦诺（Nicolas Steno）表示，所谓的"舌石"看起来与鲨鱼牙齿如此相似的原因是，它们事实上就是鲨鱼牙齿经过石化而来的。

法国杰出的比较解剖学家乔治·居维叶（Georges Cuvier），通过对化石细致的分析，首次证明了物种灭绝的事实。他在巴黎盆地的发掘表明，回溯的时间越古老，生物的种类越不同。他提出了这样一条理论：向

对页：卡尔·林奈的《自然系统》（*Systema Naturae*）的扉页（1758年）。

右图：瑞典杰出植物学家和分类学家林奈，由马格努斯·赫尔曼（Magnus Hallman）所绘（约1780年）。

地心方向探索得越深，化石的种类越与现代的类型不同，并且在以前某个时代消失的物种在以后不会重现。

到19世纪30年代，追随居维叶工作的牛津地质学家威廉·史密斯（William Smith）和威廉·巴克兰（William Buckland）几乎不约而同地认为，地质记录展现了地球史中生命的进化和连续。最早是贝类，然后是甲壳纲动物和鱼类。更晚期的岩石地层包含第一代爬行动物和近期发现的恐龙，而相对晚近的岩层则包含了第一代哺乳动物，尽管已经灭绝。更新的地层中包含的已灭绝的物种化石与现生物种相似，且所有地层中年代最晚的那些包含了一些仍然存活的物种化石。然而，没有人曾发现人类化石，这就更加说明了一个事实：这些古代时期的生命是在人类诞生以前存在的。这使更多的人认为创世纪的故事只涉及很多晚近的物种，是只针对我们人类的故事。

SÉRIE IV.

Dessiné par Mad. de Morbel et Giraud.　　*Gravé par Chollet.*

CUVIER.

上图：法国杰出的比较解剖学家和古生物学家乔治·居维叶的刻版画。该画描绘他正用放大镜研究一块鱼化石。

恒定与不变

虔诚的约翰·雷整理出物种种类的列表，并坚持认为："大自然中真正的物种数量是固定且有限的，因此我们可以合理地认为，从创世纪到现在，物种是恒定与不变的……一个物种绝不会从另一个物种的种子中发展而来。"与此同时，林奈宣称："所有的物种都由神创造，没有哪一种会被摧毁。"

右图：英国博物学家约翰·雷。

重现地球的过去

尼古拉斯·斯坦诺发现，化石本身必须比周边的物质更加坚硬，因为化石决定了石头的形状，从而留下了印痕，而不是反过来。因此，曾经包裹着鲨鱼牙齿的柔软物质必须已经在液体（例如水）的悬浮液中沉淀出来了，这说明原始层是水平的。任何偏离水平的现象都说明这一层后来被破坏了。在多个岩层中，位于下面的地层年代更久远，沉积的时间更早。这使人们能够分辨岩石的不同年代，并最终重构地球的历史。

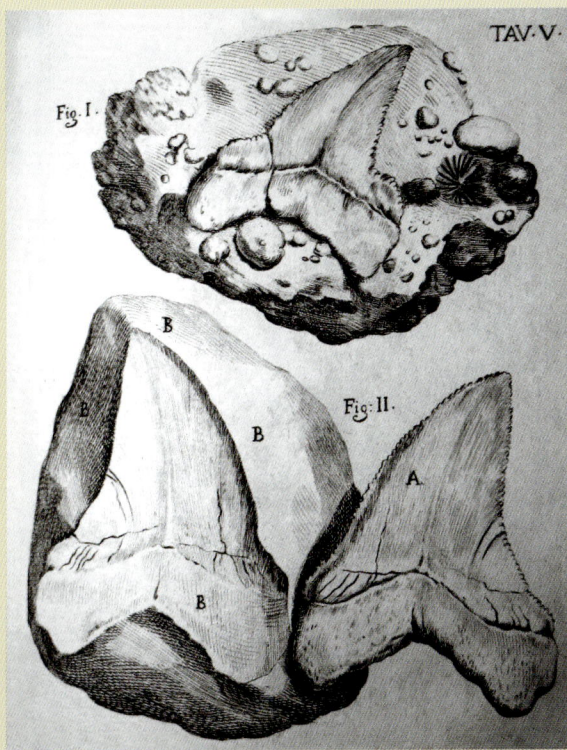

右图： 尼古拉斯·斯坦诺证明化石会塑造周围的基质，而不是反过来。因此，化石最开始在柔软的物质（如泥土）中沉积。

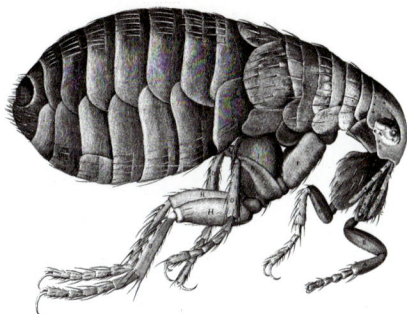

右一： 放大镜下的一只跳蚤，源自罗伯特·虎克的《显微图谱》(*Micrographia*)（1664年）。显微镜让人们首次观察到了大多数生物。

右二： 母猩猩，源自《哺乳动物自然史》(*Histoire Naturelle des Mammiferes*) 第三卷，由艾蒂安·若弗鲁瓦·圣伊莱尔和乔治·居维叶共同编著（1819—1842年）。

在达尔文还是学生的时候，大多数有知识的人都知道这个世界不止6000年的历史。另一个已经出现的主流认知是，世界上的物种比之前想象的多得多。

查尔斯·达尔文：
天生的博物学家

查尔斯·达尔文（Charles Darwin）出生于1809年2月12日，在家里六个孩子中排行第五。他出生在英格兰什罗普郡什鲁斯伯里[1]的一个富裕的绅士之家，当时属于乔治王时代中期。这里如同简·奥斯汀笔下的英格兰乡村地区，似乎离拿破仑战争很遥远。

达尔文一家的宅邸"山岭"（The Mount）宽敞而舒适，有着众多侍从。达尔文的父亲罗伯特·达尔文体态微胖，令人尊敬，是内科医生和金融家，也是著名的哲学家和诗人伊拉斯谟·达尔文（Erasmus Darwin）的儿子。达尔文的母亲苏珊娜·韦奇伍德（Susannah Wedgwood）是著名陶艺家约西亚·韦奇伍德（Josiah Wedgwood）的女儿。

达尔文早期童年的回忆揭示了他的两个最基本且延续了终生的性格特点：谦虚诚恳，以及对于理解事物运行原理永不满足的好奇心。达尔文只记得母亲在他八岁时去世，但没有明确的证据支持那个被反

对页：达尔文的父亲罗伯特·达尔文博士（Dr Robert Darwin）。达尔文回忆道："他是我所知道的最有智慧的人。"

右图："山岭"，大约于1800年由达尔文的父亲建造，是达尔文童年时的家。

---

1 英格兰西部一城市。

复提到的观点，即她的亡故对达尔文造成了深远的心理影响。他的回忆同样提到了他母亲那个"做工奇怪的小桌子"。他转由女管家照料，因此母亲的早逝对他来说可能不像类似的事情降临到现代的孩子身上那样成为一种剥夺。三位年长的姐姐对达尔文和他的小妹妹凯瑟琳（Catherine）的抚育和成长也起到一定的作用。

最开始，达尔文的姐姐卡洛琳是他的家庭教师，后来他到由一位论派教堂的牧师所经营的走读学校上学。一位论派是反对"三位一体"信义的教派。然而，达尔文经受洗属于英格兰教会，这是他后来得以进入英国大学深造的关键资格。1818年，达尔文到大概离家一英里远的一家公立学校上学，作为寄宿生在那里一直待到1825年。

达尔文并不是一位令人印象深刻的学生，他觉得自己在学校学习古希腊和拉丁典籍是在浪费时间。他在家里的"实验室"学习化学，这个实验室是他和哥哥伊拉斯谟在一个花园棚房里建立的。他们一起通过混合、煮沸、分离和结晶等方法

童年记忆

"尽最大可能地回顾我学生时代的性格，那个阶段唯一为未来打下有利基础的品质就是我的兴趣强烈而且多样；无论我对什么感兴趣，都会对它抱有很大的热情；我对理解任何复杂的对象或事物都抱着一种热忱……记得在我学生时代的早期，为了不迟到，我常常要快跑去学校，而作为一个飞毛腿，我基本没怎么迟到过。但当我心有疑虑时，我会恳切地祈求上帝帮助我。我清楚地记得我基本上把我的成功都归功于祈祷，而不是我跑得快，我还为总能得到帮助而感到惊叹。"
（《达尔文自传》，1958年，第43页）

左图：达尔文和他的妹妹凯瑟琳（1816年）。这是罗琳达·莎普尔斯（Rolinda Sharples）的蜡笔画，大约绘于他们的母亲去世的前一年。

探究多种常见物质的化学组成。通过这些操作和对化学书的仔细研读，达尔文习得了科学实验的第一手基本原则。他后来回忆道："化学是我在学术上受到的最好的教育，因为它向我展现了实验科学的实际意义。我钻研化学的事情不知怎么被学校的人知道了，因为这件事史无前例，我被起了一个绰号，叫作'气体'。有一次我被校长巴特勒博士（Dr Butler）当众斥责，因为我浪费时间在这些没用的事物上。"

达尔文很喜欢乡间野外运动，例如骑马、狩猎、钓鱼和独自散步。他对于如板球之类的社交型运动不感兴趣。哥哥伊拉斯谟于1822年进入剑桥大学学习医学，后于1825年进入爱丁堡大学继续深造。达尔文的父亲认为这对达尔文来说是个开始医学生涯的好机会，因此达尔文于1825年开始在爱丁堡大学读书，那里有一个充满了各种可能性的新世界在等待着他。

儿童收藏家

"在我上学（走读学校）之前，我对自然史的兴趣，尤其是收集的趣味，得到了很好的发展。我尝试辨认各种植物的名称，收集各种东西，如贝壳、印章、邮戳、硬币和矿物。收集的热情可能会使人成为一位系统的博物学家，一名艺术品鉴赏家，或者一个守财奴，而这种热情在我身上显得十分强烈。这种热情完全是自发的，因为没有我的哪个兄弟姐妹有着同样的兴趣。我记得上学时，我曾欢欢喜喜地在矿场水池中钓蝾螈。我年幼时形成的收集的爱好也塑造了我这样的兴趣。这一切都形成于我粗浅涉猎植物学之前。"（《达尔文自传》，1895年，第22页）

下图：达尔文于1818—1825年作为寄宿生就读的什鲁斯伯里中学。

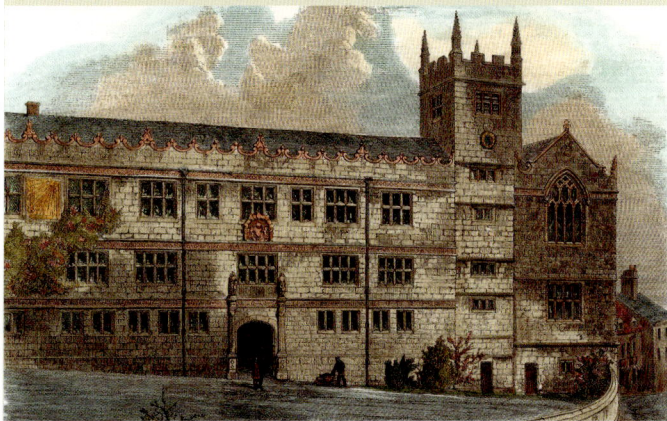

爱丁堡大学

1825 年，年仅 16 岁的达尔文开始和哥哥伊拉斯谟一起在爱丁堡大学学习医学。但达尔文非常不喜欢这里的学习和研究，他很害怕看到血和手术，而且那时的手术尚要在没有麻醉剂的情况下进行。

达尔文在爱丁堡大学的第二年，他的哥哥离开了，这使达尔文结识了很多在自然科学方面和他有共同兴趣的新同学。

达尔文利用自己的业余时间学习了比课堂上更多的科学知识。在爱丁堡大学，达尔文第一次参加了科学社团，并被精英人士阅读和辩论科学论文的情形所震撼。他也开始阅读和学习科学专著和期刊。他还同当地的一位专家罗伯特·格兰特博士（Dr Robert Grant）一起在潮汐池收集并调查海洋生物。达尔文的这些研究和解剖都是在一台"极差的显微镜"下进行的。"我于 1826 年年初（实际为 1827 年）在普林尼学会宣读了一篇简短的论文，这篇论文讲述了苔藓虫的卵子能够通过纤毛自行移动。我有一个有趣的小发现：事实上那并不是卵子，而是幼虫。"达尔文在第一时间将他的发现告诉了格兰特。令他惊讶的是，格兰特表示这是他的研究领域，达尔文对该观点发表论文对他来说是不公平的。达尔文在为找到自然界的新发现而感到激动的同时，也面对了与之相伴而来的嫉妒。自那以后，达尔文对跟格兰特打交道的热情就大大地减少了。

达尔文在爱丁堡大学时，一开始也曾被引荐去学习地质学，但因为给他上课的教授的观点太过时，所以达尔文那时鲜有卓越的成果。正如他后来在自传中回忆道："我在爱丁堡大学的第二年听了詹姆森（Jameson）教授的地质学与动物学的课，这课真的太无聊了，在我身上产生的唯一影响就是我决定有生之年再也不看一本地质学方面的书或再也不研究这门学问……我……在詹姆森教授于索尔兹伯里岩崖开展的一次田野课程上听到他讲述了一个暗色岩脉，有杏仁状边缘，每边有硬结层。我们周围都是火山岩，他说这是由来自上面的沉积物填充裂隙所形成的，还嘲讽有些人认为它是在熔融态下从下面注入的。每当我想到这节课，我就对做了绝不去学地质学的决定毫不后悔。"

但有一个有用的技能达尔文确实学会了，那就是用于科研的鸟类剥皮和干

对页：爱丁堡大学，1829 年摄于南桥街。达尔文于 1825—1827 年在此学习医学。

大学学业

　　达尔文的父亲罗伯特同达尔文的祖父——著名诗人伊拉斯谟·达尔文一样，也是一名医生，且曾在爱丁堡大学学习医学。所以达尔文一开始选择医学专业并不奇怪，特别是他对拉丁语和古希腊语的反感也不允许他攻读例如法学这样的学位。达尔文在爱丁堡大学的两年里付了九门大学课程的费用，包括解剖学、外科学、治疗药剂学、应用物理学、化学、自然史等。

左图：一张达尔文在爱丁堡大学的课堂准入券，其上标明的时间是1825年11月18日。

燥技术。他从约翰·埃德蒙斯通（John Edmonstone）那里学到了这门技术。约翰是一个得到自由身的奴隶，也是达尔文认识的第一个黑人。达尔文说他是"一个令人愉悦的聪明人"。达尔文一家强烈反对奴隶制，而早期这样的结交更使他相信，其他种族的人也和他一样都是人。

　　达尔文清楚地知道，父亲会留给他足够的财产，让他过上安逸的生活，这也就消除了他的紧迫感，他用不着为了当医生而去学习无穷无尽烦琐的医学知识。两年后，父亲明白了，达尔文并不想成为一名

下图：1825年的利思港。达尔文在潮汐池收集海洋生物，并且雇渔民带他出海采集。

研究标本

在爱丁堡大学，达尔文对海洋无脊椎动物的兴趣被激发，从此一发不可收拾。他经常和他的科研导师格兰特博士沿着福斯湾的潮汐池一起收集样本。他后来回忆道："我还和纽黑文的一些渔民交了朋友，有时候我在他们网捞牡蛎的时候也跟着一起，就这样得到了很多标本。"这么年轻的时候，达尔文已经开始探索获得标本及其信息的创新方法了。他准备参加所有能够得到新知识和更好标本的课程。

左图：罗伯特·格兰特，是海洋无脊椎动物学的专家，也是达尔文的第一位科研导师。格兰特易怒的性格和科研上的善妒最后使达尔文对他避而远之。

医生，所以希望他成为一名牧师。尽管不是特别虔诚，达尔文并不质疑《圣经》的真实性。成为一名牧师意味着他可以像著名的博物学家吉尔伯特·怀特（Gilbert White）一样追求自己对自然史的热爱。这也意味着，达尔文必须在一所英国大学取得学士学位，因为这是进入英格兰教会担任圣职的必备条件。

右一：英国教士和博物学家吉尔伯特·怀特，他的经典之作《塞尔伯恩自然史》（1789年）是最早对达尔文有科学影响的作品之一。

右二：达尔文的普林尼学会会员卡，他最初关于海洋无脊椎动物学的科研论文均发表于此。

1825

Dr Hope's Chymistry

Matter

The term matter is applied to all ponderable substances & which is only known to us by its properties. These may be divided into essential & secondary & without them matter could not exist. The essential qualities are extension, impenetrability, & inertia, by which we mean; firstly space 2dly the property of excluding all other atoms from its own space, & 3dly we mean by inertia the power of remaining in that state in which they at that time may be. The secondary properties are such as give to matter their common appearance, such as 1st gravity, which exists equally in all substances, as may be seen by a feather & a guinea descending with equal velocity in vacuo

Spe. Gravity

but their Specific Gravity is according to their density, when compared to some other menstruum. To find out the exact proportion, there are several instruments.

Hydrometers

1st A hollow ball with a weight attached at one end & a scale at the other, which rises or falls according to the density of the fluid in which it is immersed. to wit.—

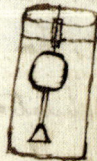

Mr Loyds Hydrometer

2ᵈ A is an empty empty bulb E is a tube leading
from it + F a notch in it B a vessel full of the
fluid whose Sp Grav is required, + D a cup with
weights. — So that suppose B is filled with water
+ keeps it requires a 1000 grains to immerse A
to the notch F, but that it requires 1800 grains, when B is
filled with S Acid, then 1800 being divided by 1000 the
quotient is 1. 8 which is the Sp Gravity of the S Acid.—

Mr Love Hygrom²

There is also one more way, viz.— a number of small balls
regularly graduated, so that when thrown into any fluid
the one that remains stationary, has the Sp Gravity marked
on the outside. For solids, the process is very simple viz
weigh it in water + then out of it, + the weight of it when
not immersed
+ water divided by the difference is the Sp Gravity. —
(I here missed two lectures on account of illness)

Heat

Heat.—. Caloric possesses these three great properties viz
Expansion, Evaporation, + Incandescence. Most bodies, when
Caloric is applied to them, expand + when subtracted contract
but there are exceptions. Thus water (+ some other substances,
as Iron, Bismuth + Antimony expand at the moment of con=
Solidation, which fits them so well for receiving impressions)

Water expands
at congelation

gradually expands from 3.9oᵗ Far—, which is its maximum
density, to 32 when it is increased in bulk ⅒ᵗʰ.

Dr Hopes[3] method of showing that water above 39½ becomes Sp. lighter. —

Dr Hope has shown this very neatly.

$$32° + 68°$$
$$\qquad et vice versâ$$
$$39\tfrac{1}{2}° + 32°$$

$\left.\right\}$ $(39\tfrac{1}{2}°$ is M.D$)$

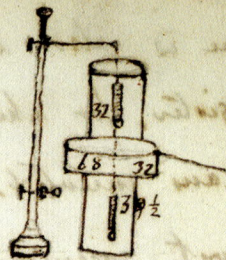

Thermometers

Of this property of expansion in heat, we make various uses, of which one of the greatest is, the Thermometer. The principal fluids used in this instrument are Air Alcohol & Mercury. Air is used for very delicate experiments, Alcohol for intense cold, & Mercury for all common purposes. The great advantage of Mercury is that up to 212° of Far.ᵗ it expands equally, which is not the case with most other fluids. In different countries different scales are used; thus in England Farheit. & on the Continent chiefly Celsus' or commonly called the Centigrade. from its being divided, between the freezing & boiling point into a 100:— whilst Far.ᵗ is in 180°. so that to reduce the ~~one~~ former into the ~~other~~. latter.

To reduce different scales.

$$C° \times \frac{9}{5} + 32 = Far.ᵗ$$

In Reaumour it is

$$R° \times \frac{9}{4} + 32 = Far.ᵗ$$

There is also another kind of Thermometer, called a
Register, for which purpose they have been, various
means invented. Such as this, which is by far the
most ingenious & useful. —

A is a tube filled with Sp of Wine
from B to c is Mercury. c a float
& E a wire, fixed in the float at
one end, & at the other F a
pencil. — H, a revolving cylinder covered with paper, ruled verti-
cally & horizontally, the former for the time & the
latter for the degrees. — So that the Alcohol capacity
in A pushes up the float c. & with it the pencil
F: thus marking the cylinder, which is made to
revolve in a certain given time. —

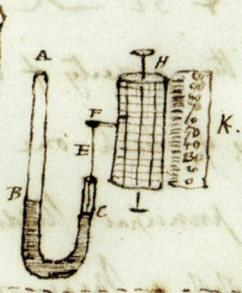

All bodies tend to a diffusion of Caloric, yet their
capacity for it, is by no means the same, thus
if equal quantities of Mercury & water be
mixed together, of different Temperatures; the
medium will be nearest that of the water,
showing that water has the greater capacity.

　达尔文的故事：一个天生的博物学家和他的进化论

剑桥大学

达尔文于1827年10月15日进入剑桥大学基督学院的录取名单，但因为之前在学校学的希腊语已经忘了大半，所以在到剑桥大学学习之前，他必须在家接受家庭教师的专门辅导。这就意味着，他直到1828年1月才正式入学，而那时学院提供的所有住宿房间都已经满了。

达尔文寄宿在剑桥大学基督学院对街烟草店的楼上。店主和学院有过约定，基督学院的学生可以租住他的房子，不过经常会出现一些状况。烟草店对面商铺的店主向基督学院的院长抱怨道，基督学院的学生们总是从他们所住的二楼把马鞭伸出窗外吓唬路过的行人。

1828年11月，达尔文搬进了学院里的一套房子。正如他后来回忆的那样，他的房间"在一栋老旧的大楼里，中间的楼梯口，进楼右手边上一段台阶，右边那间最好的房间就是了"。达尔文的房间确实比较豪华，并且最近发现的学院记录手册上就记载着达尔文的房间是学院里最贵的一档，每学期租金为15英镑。记录手册还显示他的所有账单三年总计约700英镑。

在学院里，他与堂兄威廉·达尔文·福克斯（William Darwin Fox）是最亲密的

对页：剑桥大学一景（约1840年）。

右图：达尔文在剑桥大学基督学院读书时的学院场景。这幅刻版画展现了达尔文寄宿在烟草店楼上看到的学院场景。

朋友。在堂兄的影响下，收集甲壳虫成为达尔文痴迷的新爱好。达尔文很快发现了几种能够设法弄到珍稀罕见的标本的新方法。他的屋子里有一个特殊的储藏柜，用来存放他收集到的标本。他还把他的标本记录寄给著名的昆虫学家詹姆斯·史蒂芬斯（James Stephens）。詹姆斯负责刊登当时英国昆虫学的记录。达尔文的文字第一次被印刷，即使在他还是一名本科生的时候，达尔文已经开始对科研做出自己的贡献了，尽管是以一种力量颇为微小的方式。

达尔文对科学的兴趣成为他终生的事业，尽管他还继续热爱着狩猎。他如饥似渴地阅读亚历山大·冯·洪堡（Alexander von Humboldt）关于科研之旅的记述，并梦想着能亲自去加那利群岛来一趟自己的科研之旅。另外一部对达尔文产生巨大影响的作品是天文学家约翰·赫歇尔（John Herschel）的作品，他于1831年所著的《初论》（Preliminary Discourse）成为科学调查方法的权威之作。

达尔文成为植物学教授约翰·史蒂文斯·亨斯洛（John Stevens Henslow）忠诚的学生，他从亨斯洛教授那里学习了大量的科研方法。两个

瞄靶练习

"在剑桥大学的时候，我常常在穿衣镜前练习把枪抛起来架在肩膀上，看看我是否能架得又准又直。一个更好的办法是让一个朋友挥动一只点亮的蜡烛，并给枪装好火帽。如果瞄得准确，那么所产生的小股气流就会吹灭蜡烛。火帽爆炸会发出尖锐的爆裂声，有人告诉我，学院的辅导员说，'有件事情实在让人意想不到，达尔文先生似乎会在房间里花上几个小时挥舞马鞭，我从他窗户下面路过时，经常能听到噼噼啪啪的声音。'"（《达尔文自传》，1958年，第44页）

上图：达尔文在剑桥大学基督学院的住处，摄于1909年。

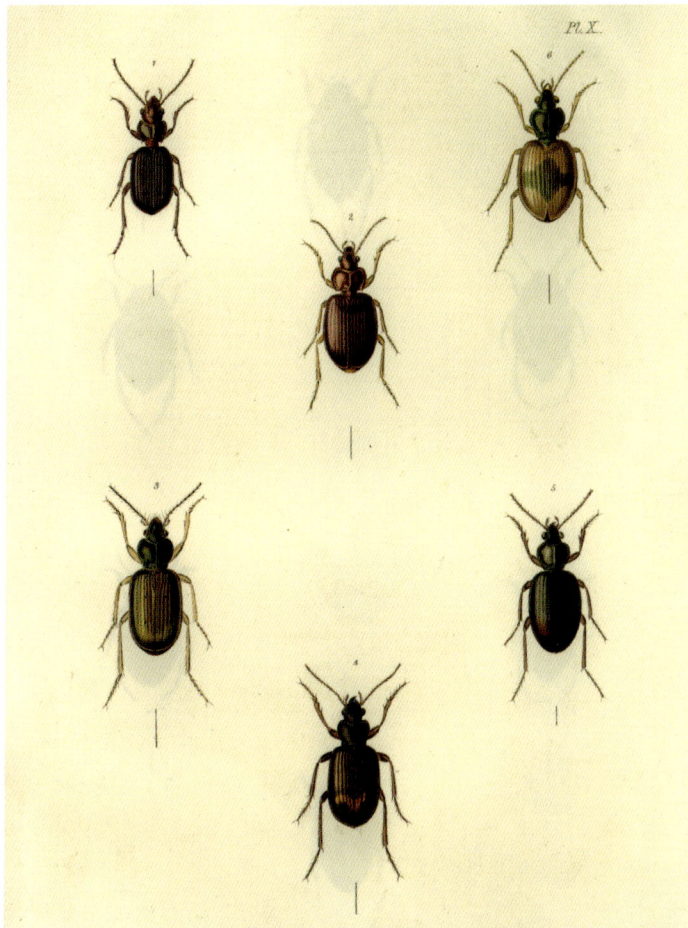

Pl. X.

捕捉甲壳虫

达尔文曾多次捕捉甲壳虫，后来他回忆起其中的一次经历："有一天，我剥下了一块旧树皮，发现两只稀有的甲壳虫，于是一手抓住了一只。但是，我又看到了一个新品种，也不想失去它，于是我把右手抓着的那只甲壳虫一把塞进嘴里。它喷射出了某种强酸液体，我的舌头都被灼伤了。我不得不把这只甲壳虫吐了出来，结果我不仅错失了这只甲壳虫，连第三只也没有捉到。"

左图：手工上色的英国甲壳虫版画，源自詹姆斯·史蒂芬斯的《英国昆虫学》（*British Entomology*）。达尔文发表的第一篇文章就收录在这部著作中。

人成了非常好的朋友，以至于学院里没有见过达尔文的老师们在提到他的时候都用"那个跟亨斯洛一起散步的人"来代替。毫无疑问，达尔文始终对科研保持着浓厚的兴趣和很高的参与度，这奠定了他后来的人生之路。

右一：天文学家约翰·赫歇尔。

右二：地质学家、植物学家、牧师约翰·史蒂文斯·亨斯洛。他是达尔文在剑桥大学的科研导师，也是他推荐达尔文参加了小猎犬号航行之旅。

下图：这张清单来自新近发现的剑桥大学基督学院学生的1830年春季账单。达尔文在
食品杂货项的支出高于其他同学，金额为5镑16先令4便士。

1830. Quarter ending L.D.	Rickards	Dawson	Graham	Baker	Haworth	C Darwin	Davidson	
Dr. Balance last Qr.	20.13.4				77.11.5			
Bedmaker		1.1.–		1.1.–	1.1.–	1.1.–	1.1.–	
Cash				12.		6.8		
Coals		2.15.–	1.5.–	1.17.6	3.17.6	4.12.6	3.17.6	
Cook	.14.7	4.10.5	1.4.5	6.	1.16.–	6.–.–	2.1.1	
Laundress		2.4.8			2.4.		2.	
Porter	6.	9.2	9.5	1.3.10	7.4	1.4.10	13	
Scullion	4.6	4.6	4.6	4.6	4.6	4.6	5.6	
Semstress							1.	
Shoeblack	7.	7	7	7	7.	7	7	
Steward	4.5.7	7.16.10	6.1.9	5.8.11	13.3.10	15.18.2	8.10.11	
Study Rent	11.	5.	8.1.	3.15.	5.	4.	5.	
Tutor	2.10.	2.10.	2.10.	2.10.	2.10.	2.10.	2.10.	
College Account	29.12.0	26.18.7	20.3.1	34.7.9	108.2.7	36.4.8	26.7.0	
Apothecary							1.16.6	
Barber		19.6				3.1.	3.6	
Bookseller								
Circ. Library	7.6	7.6						
Brazier								
Bricklayer				1	1	1	1	
Carpenter					2.	1.6	1.	
Glazier		5.6		2.6	2.6	3.6	2.6	
Grocer	4.10	4.3.7	2.6.10		2.8	5.16.4	2.5.10	
Hatter				1.11.6				
Linendraper		2.2.3		6.3				
Painter						3.9		
Shoemaker	1.5.	15.6		13.6	1.3.6	1.16.	.10.	
Smith								
Tailor					6.7.6	3.1.5	3.12.4	
Upholsterer					6.7.11			
Private Tuition				14.	3.3.			
Tradesmen's Bills	1.17.4	8.14.10	2.6.10	16.14.9	19.15.5	13.4.6	8.8.8	
Total	31.9.4	35.13.5	22.9.11	51.2.6	127.18.0	49.9.2	34.15.8	
Cr. Balance last Qr.								
Scholarships								
Furniture								
Total								
Balance Dr.								
Balance Cr.								
* Received	30.–.–	35.13.5	22.9.11	51.2.6	127.18.–	49.10.–	34.15.8	
* Paid								
Balance Dr.	1.9.4	×××	×××	×××	×××	×××	×××	
Balance Cr.		×××	×××	×××	×××	×××	×××	
* Date		May 24.1830	May 10.1830	May 10.1830	May 21.1830	June 4.1830	May 14.1830	

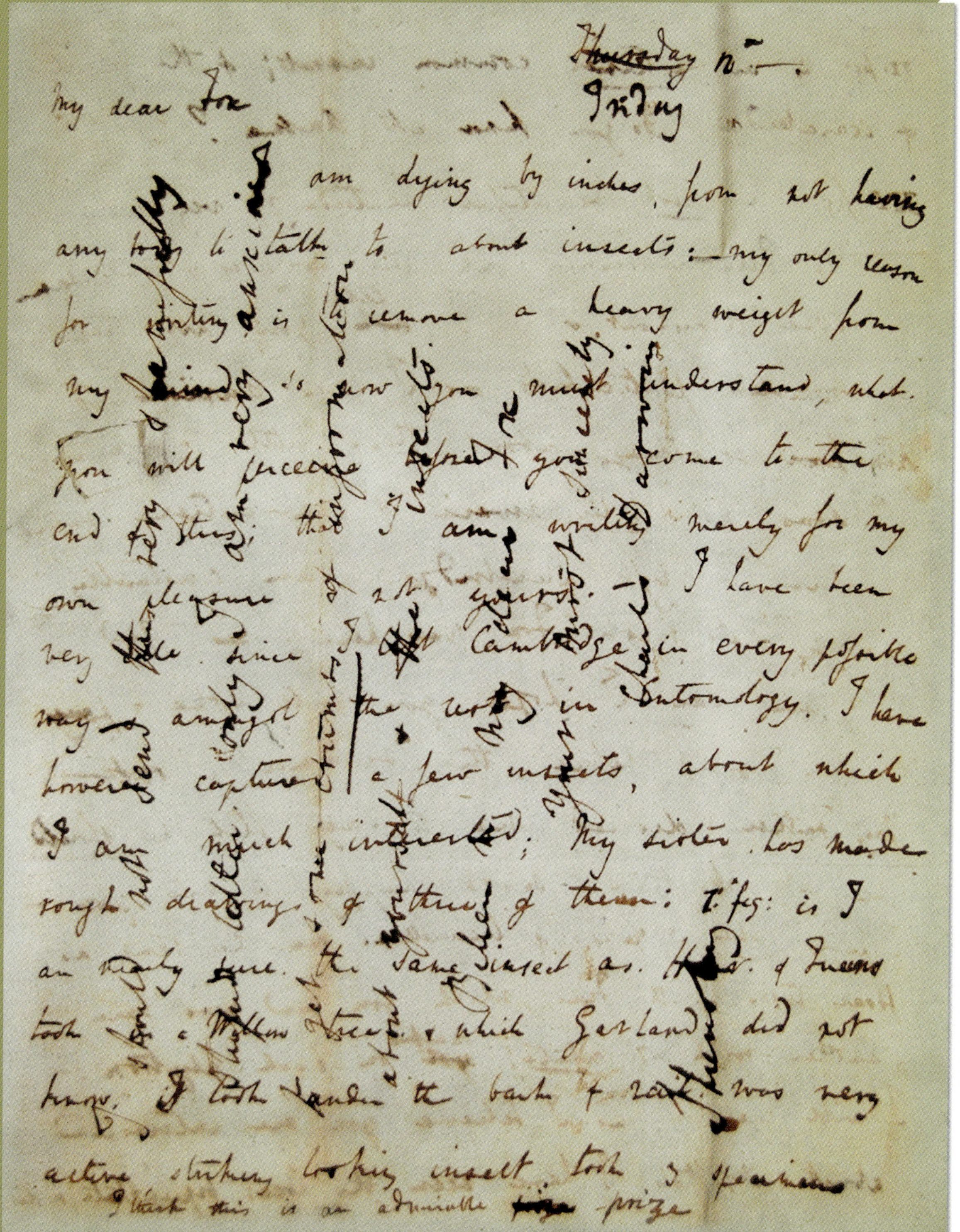

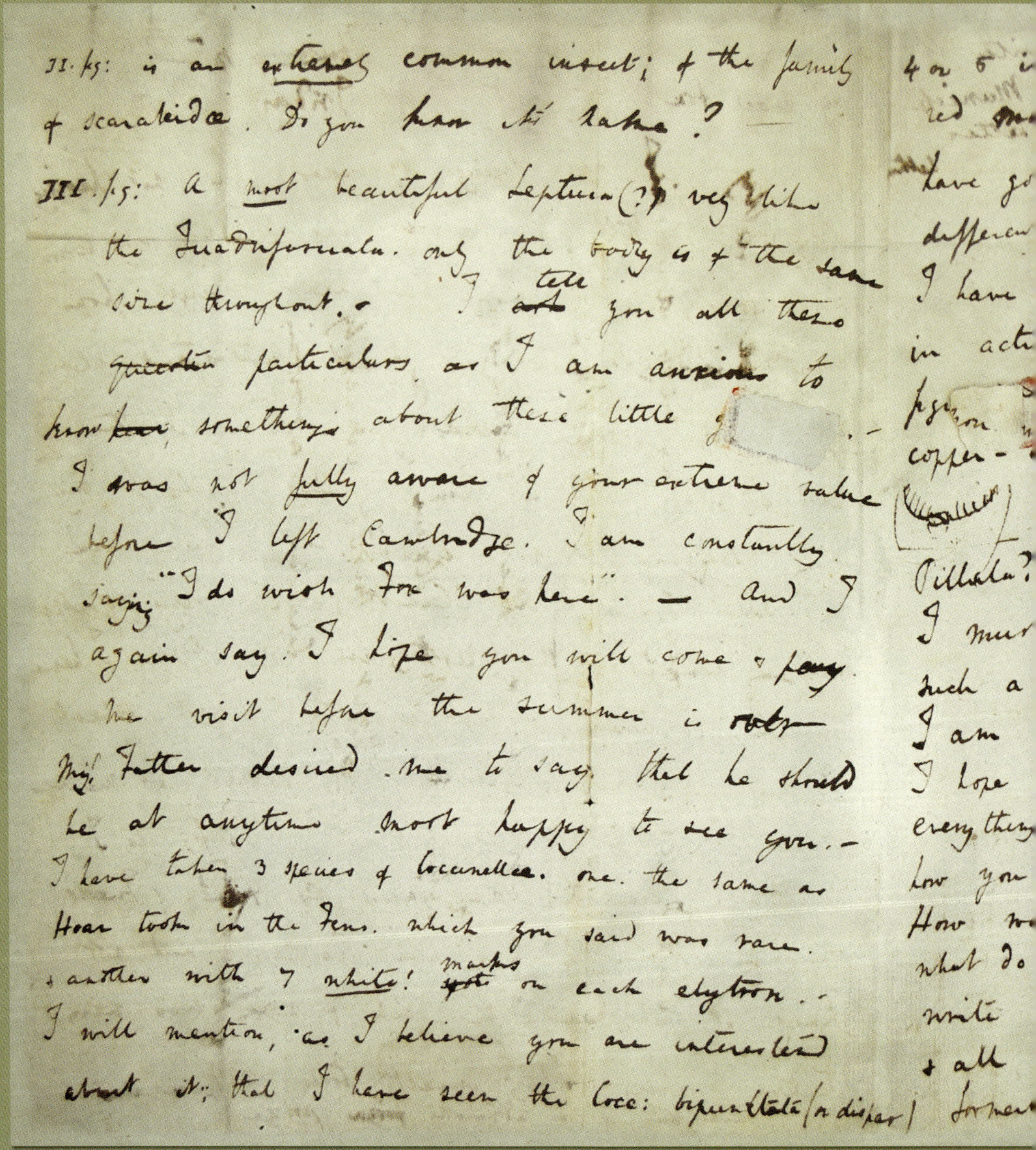
II. p5: is an extremely common insect; of the family
of Scarabaeidae. Do you know its name?
III. p5: A most beautiful Leptura (?) very like
the Quadrifasciata. only the body is of the same
size throughout. I tell you all these
particulars as I am anxious to
know something about these little g .—
I was not fully aware of your extreme value
before I left Cambridge. I am constantly
saying "I do wish Fox was here". — And I
again say. I hope you will come & pay
me visit before the summer is over
My Father desired me to say that he should
be at anytime most happy to see you.—
I have taken 3 species of Coccinellae. one the same as
Hoar took in the Fens. which you said was rare.
& another with 7 white! marks on each elytron.—
I will mention, as I believe you are interested
about it; that I have seen the Cocc: bipunctata (n dispar)

4 or 5 i
red
have go
differen
I have
in acti
pg. on
copper-
Pillula?
I mus
such a
I am
I hope
everythin
how you
How w
what do
write
& all
former

...continus with a black one with 4
[I believe most of the black ones you
...e 6. marks. Hence I suppose a
...cies] also, which is very singular,
...uently seen ... two of the bipun ctata]
— I have taken Clivina Collaris.
...588 of Stephens; also a beautiful
...d Elater with Antennæ. pectin...
this — Do you want any of the Byrrhus
...t my number. — My dear Fox
...said beg your pardon for sending
...y selfish stupid letter; but remember
...pupil, so you must forgive me. —
...will write to me soon, & tell me
...have been doing, & more particularly
...in health. as to your eyes, & body. —
...little Fan. how was, No 16!?
...intend doing this Summer? in short
...a good long letter, about yourself
...insects: My plans remain the same. as
...am going to Barmouth for two months. —

of a fine bluish black
colour. but is not so broad
as made in this drawing

5 tarsi ...   I
4 tarsi ...

...her lighter coloured
+ nose   metallic
                   II
the legs are left out. —

this is a very good representation
                   III

I figis more like a
Oryschroa & a very
narrow Blaps. the any
thing I can compare
it to. —

II. be pleasured to give
me the name of this
insect

小猎犬号之旅

1831 年，达尔文毕业，他的才华刚刚崭露头角。他在剑桥大学的导师约翰·史蒂文斯·亨斯洛看出了这点，并且鼓励他去学习地质学。达尔文对此倾注了很大的热情，和他此前声称绝不触碰这门学科正好相反。

达尔文与亚当·塞奇威克（Adam Sedgwick）教授一起踏上了前往北威尔士的地质学之旅。达尔文的路线与塞奇威克的平行但不同，他们每晚会在一起核对笔记，这帮助达尔文学到了田野地质学的第一手基础技能。达尔文于 1831 年 8 月 29 日回到家中，发现一封来自亨斯洛的信正等待着他。信里提供了一个将改变他一生的机会，甚至也将永远改变这个世界。

罗伯特·菲茨罗伊（Robert FitzRoy）是一位 26 岁的海军官员，受命带领英国皇家军舰小猎犬号前往南美洲水域进行第二次调查航行。他决定带上一位博物学家，以便对这艘船即将前往的鲜被了解的区域做调研。

菲茨罗伊向海军海道测量师弗朗西斯·巴福特（Francis Beaufort）上校提出，希望找到一个科研资质良好的人。在这样一艘将军和官员之间存在着巨大社交代沟的船上，一位独立且富有的绅士在这漫长旅途中的陪伴将颇受欢迎。巴福特联系了他在剑桥大学三一学院的朋友乔治·皮科克（George Peacock）。皮科克先是推荐了牧师伦纳德·杰宁斯（Leonard Jenyns），但他忙于自己的牧区，不便离开。皮科克又咨询了亨斯洛，亨斯洛便推荐了他最爱的学生达尔文。达尔文的父亲是反对这个

计划的，但他补充道："如果你能找到任何一个有常识的人建议你去，我就同意。"于是，达尔文给舅舅约西亚·韦奇伍德二世写了封信，表示自己会拒绝这个机会。达尔文的舅舅和表兄却认为小猎犬号之旅对达尔文来说是一个绝佳的机会，因为他是"一个有着极强好奇心的人"。韦奇伍德二世找人叫来外出狩猎的达尔文，然后他们一起回到什鲁斯伯里去说服达尔文的父亲。达尔文的父亲最终同意了，还答应会支付此行的费用。达尔文又写信给皮科克和巴福特，表示接受这次的邀请。在前往伦敦与菲茨罗伊见面前，他还回了趟剑桥大学，为了向亨斯洛咨询相关事宜。

菲茨罗伊提出在出海期间他要和达尔文搭伙用餐，且在航行期间的任何时候，达尔文都可以随时回家。作为一位自费前来的客人，达尔文是自由的，他还可以保存他采集到的标本，不过事实上海军官员们采集的标本通常被认为是政府财产。

小猎犬号将前往调查南美洲的南部和加拉帕戈斯群岛，而且要在极其遥远的地方进行一系列的天文钟测量。达尔文并不是船上唯一的编外人员，菲茨罗伊还邀请了一位画家，以及一位机械师，以保证船上的二十多台天文钟正常运转。此外，还有一位传教士和三位火地岛人，后者是菲

对页：小猎犬号的水彩画，由欧文·斯坦利（Owen Stanley）绘于 1841 年。

茨罗伊从上一次航行中带回来的。共计有74个人在这艘 27 米长、中部宽 7.35 米的船上。达尔文在一个船尾尾舱中工作和休息，房间中部被一张大大的海图桌占据，房间里还有成排的橱柜和书架。

咨询过科研专家后，达尔文购买了一个班克斯显微镜、一套无液气压计和一对手枪等一系列装备，总共花了 600 英镑。

达尔文登上了小猎犬号，打开日记来记录他此行的经历。在两次由于坏天气而出发失败后，他们最终于 1831 年 12 月 27 日从德文港启程。世界正在前方等待着他们。

下图：达尔文的袖珍六分仪。菲茨罗伊在圣雅戈测量一棵猴面包树的高度时，可能用的就是这个六分仪。

上图：地质学家亚当·塞奇威克，绘于 1850 年。

燃烧的热情

"我在剑桥大学的最后一年时，怀着极大的兴趣认真阅读了洪堡的《旅行故事》。这部作品和赫歇尔先生的《自然哲学研究入门》一道，激起了我内心的热情，让我想在自然科学这崇高的大厦中做出自己哪怕一点点最微小的贡献……亨斯洛后来说服我开始了地质学的研究。所以，我回到什罗普郡后，检查了什鲁斯伯里周边的地层剖面，还在地图上做了记录。塞奇威克教授想要在八月初走访北威尔士，进行他那项著名的针对古老岩层的地质研究，亨斯洛教授让他带我一同前往。"（《达尔文自传》，1958 年，第 67～69 页）

一位能力可期的年轻人

"对在航行中没有机会收集有用信息的担心可以放下了。我已向海军海道测量师提议，应该找一位愿意接受我提供的食宿并受过良好教育的科研人员，这样此行到访所知甚少的遥远国度会收获更多……巴福特上校接受了这个建议并写信给剑桥大学的皮科克教授，他又咨询了他的朋友亨斯洛教授，而亨斯洛教授则推荐了查尔斯·达尔文先生，即诗人达尔文博士之孙。他是一位能力可期的年轻人，对地质学，事实上对所有自然史学的分支都怀有极大的兴趣。"[《冒险号和小猎犬号探险船勘测航海记事》(*Narrative*)，1839年，第二卷，第18页]

右图：罗伯特·菲茨罗伊，小猎犬号指挥官。他和达尔文在航行期间成为亲密的朋友，但因菲茨罗伊那难以捉摸的脾气，他们曾发生过几次不快。

上图：《跨越赤道》，描绘的是为第一次跨越赤道的海员所举行的传统海军仪式，由奥古斯都·厄尔（Augustus Earle）所绘。这是小猎犬号上发现的唯一一幅同时代画作。

s of H.M.S. BEAGLE _ 1831-6.

南美洲东部

航行中的达尔文和菲茨罗伊上校经常被描绘成一对强敌，这是一个误解。菲茨罗伊确实成为了一名福音派基督徒，但那是航行结束后的事了。事实是，菲茨罗伊把赖尔的《地质学原理》第一卷的影印版给了达尔文，而达尔文也并非天生就对《圣经》持怀疑态度。

事实上，达尔文后来回忆，小猎犬号上的海军军官曾嘲笑他"在某些道德问题上总引用《圣经》作为无可辩驳的权威"。达尔文在整个航海过程中最大的灾难是晕船，尤其是最初几个月，这时常让他丧失了行动能力，只能躺在吊床里。

小猎犬号第一站停靠在距离非洲西海岸620千米的佛得角群岛。达尔文调查了其中一座岛屿的地质情况，该岛屿后来被称为圣雅戈。他非常激动地发现，这些岩石"清楚地表明赖尔在地质学上远超其他任何学者"。这座岛屿在随着时间慢慢地变化。首先，达尔文可以看出之前这里曾有熔岩流从海床流过，将这里的贝壳和珊瑚烤成了一块块坚硬的白色岩石，后来水下的岩石被推出了海面。然而白色的岩层还揭示了这座岛屿在火山口周围的下陷中积累了更多的熔岩沉淀。能够看到如此遥远的过去是令人激动的，达尔文坐在那些白色岩石的阴影中，思考着如何用周围的证据证明这座岛屿曾经历的历史。那一刻他意识到，他可以写一本关于在小猎犬号航行中他所经访的岛屿的地质学研究著作。

小猎犬号继续前行驶向巴西，在巴伊

对页：佛得角群岛的圣雅戈，小猎犬号在为期五年的环球航行中第一次入港靠岸的地方。

亚州，也就是现在的萨尔瓦多，他们停留了19天。1832年2月末，在那里，达尔文生平第一次见到了壮丽丰饶的热带景观。奇异的动物和植物，还有令人惊奇的各种自然景观与声音围绕着他，这是他人生中最兴奋的经历之一了。但他很快投入了辛苦的工作中。他随身携带的野外记录簿展现了他所做的大量计算、地质剖面分析、角度测量、温度测量、气压计读数、罗盘定位、图表绘制和草图速写。

　　达尔文在船上写了更正式的笔记来记录标本和样品。他做了一个系统的列表，这样每件东西的位置和特点都可以被清晰地记录下来，即使船只返回英格兰，任何

值得纪念的一刻

　　"圣雅戈的地质景观非常令人震撼，但也十分简单：曾有一股熔岩流从海床流过，海床上的贝壳和珊瑚被烤成了一块块坚硬的白色岩石。从那以后，整个岛屿被抬升，但是这一层白色岩石揭露了一个新的重要事实，即此火山口周围一直在下沉，还曾喷出熔岩。随后我第一次意识到，我可以写一本关于到访国家的地质学研究著作，这个主意让我激动不已。那对我来说是个非常有纪念意义的时刻，我可以清晰地回忆起当时我正坐在由熔岩形成的低矮悬崖边休息，太阳晒得很厉害，附近生长着一些奇怪的沙漠植物，我脚下的潮汐池里生长着活珊瑚。"（《达尔文自传》，1958年，第81页）

THIS TELESCOPE WAS USED BY
CHARLES DARWIN
DURING HIS VOYAGE IN THE BEAGLE

对页:《蒙得维的亚一景》，由威廉·马洛（William Marlow）所绘。这是乌拉圭最大的城市和主要港口，达尔文经常称之为"拉普拉塔河东岸区"。

上图：达尔文在小猎犬号航行中使用的便携望远镜。

右图：皮帐篷里的巴塔哥尼亚印第安人。图右侧是一个刚刚夭折的小孩的坟墓，紧挨着它的是两匹祭祀用的马，马皮被做成了标本。

未经勘察的大陆

　　达尔文在19世纪30年代到访的南美洲经历了1810—1825年的一系列独立战争，刚刚从西班牙和葡萄牙的殖民统治中解放出来。随着南美洲对外贸易的开放，英国渴望绘制其周边海图，以实现更大利益的海运。那时，南美洲内陆比非洲和亚洲的开发要少，被达尔文所憎恶的奴隶制仍然盛行，这片大陆上到处充斥着贿赂和腐败，土著人在消亡，通过开矿、牧牛和贸易攫利的风气也大为盛行。

右图：小猎犬号军舰在麦哲伦海峡的场景，远处是萨米恩托山。

标本和样品都可以被很快找到。他还将笔记分开来记，分成诸如"动物""爬行动物""鱼类"和"昆虫类"等。他还撰写了大量的地质学和动物学日记。有一天，他甚至采集到了68个不同种类的甲壳虫。这里同剑桥郡的低地沼泽是完全不同的世界。

在接下来的两年里，小猎犬号继续航行，前往了里约热内卢、蒙得维的亚、布兰卡港、巴塔哥尼亚和福克兰群岛，勘测那里的海岸并测量海水深度。达尔文在将近五年的航行中大约有1162个夜晚是在岸上度过的，而仅有579个夜晚是在船上度过的。

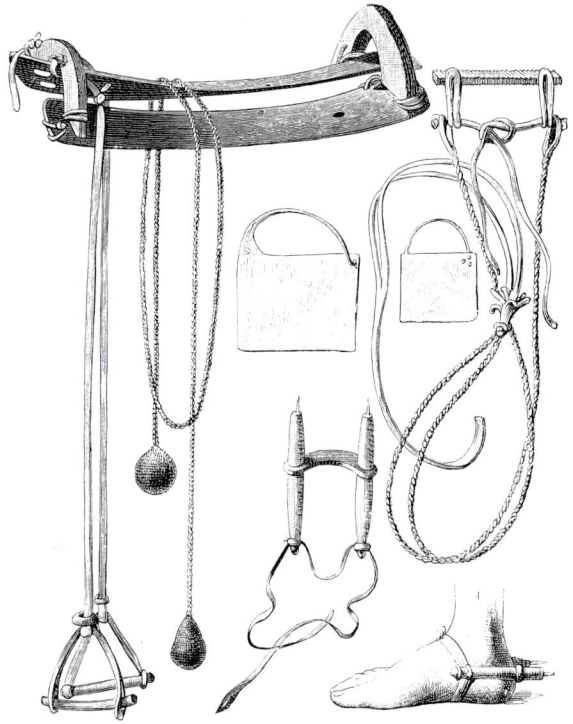

颇具高卓人品质的 "唐·卡洛斯"

达尔文在他的一生中曾反复提到他不擅长语言学习。他不会法语和德语发音，而且在辨识口音方面耳力很差，但这似乎模糊了达尔文在小猎犬号航行过程中大部分都在用西班牙语的事实。

对页（左上）：高卓人的传统服饰，由胡安·曼努埃尔·布拉内斯（Juan Manuel Blanes）所绘。

对页（右上）：巴塔哥尼亚人的配饰和骑具，源自拉策尔（Ratzel）的《人类历史》（History of Mankind）（1904年）。

对页（底部）：高卓人用流星锤捕猎美洲鸵，源自《话匣子》（Chatterbox）（1894年），由弗兰克·费勒（Frank Feller）所绘。

右图：小美洲鸵。因为它与大美洲鸵如此相似，且两者分布地区略有重合，使达尔文印象深刻。

达尔文在南美大陆深处一连几个星期都在跟向导交流，并和不说英语的当地人待在一起。达尔文其实在这次航行向他抛出橄榄枝之前就学过西班牙语，而在小猎犬号向南美大陆航行期间，他也尽可能地学习西班牙语。他经常用当地语言记录鸟类或者岩石的名称，甚至还会读西班牙语的小说作为消遣。南美洲的人们称他为"唐·卡洛斯"，他被作为一名博物学家介绍给当地人。没有人知道博物学家到底是干什么的，但是有人跟一个当地人说这个词的意思是"知晓一切的人"。

达尔文很多时候都由高卓人陪伴，这些南美洲的牛仔们身着色彩鲜艳的庞乔斗篷，腰带上别着长长的刀具。他们教了达尔文大量有关当地地形和野生生物的知识。如果达尔文知道多只母美洲鸵会把蛋下在一只单身公鸵鸟的窝里，那肯定是当地见多识广的高卓人告诉他的，而且用的是西班牙语。

达尔文很羡慕高卓人自由的生活方式，他们骑术高超，驰骋于广阔的潘帕斯草原。夜晚时分，他们会停足驻马，然后宣布："我们就在这里过夜了，就在这广阔的苍穹之下。"他们几乎只吃肉，达尔文很

快就学着适应了这点。已经是好骑手和神射手的达尔文，学着喝他们的马黛茶，还学着抽他们的小雪茄。达尔文之后一直保持着这些习惯，例如午饭后他会坐在沙发上抽雪茄，妻子会念东西给他听。高卓人还教达尔文如何扔流星锤，尽管他初次尝试时缠住了自己的马。"高卓人轰然大

胡安·曼努埃尔·德罗萨斯（Juan Manuel de Rosas，1793—1877）

在一次从黑河到布兰卡港的考察途中，达尔文遇到了阿根廷将军胡安·曼努埃尔·德罗萨斯，他领导着一场屠杀当地印第安人的战争。那正是危急时刻，斗争主要针对土地所有权，但是许多反抗以残酷的报复袭击形式进行。达尔文被告知，印第安人会折磨所有的囚犯，而西班牙人会射杀囚犯。德罗萨斯的部队在潘帕斯草原的主要道路上建立了一系列补给站。达尔文和几个高卓人沿着这些危险的路线行进，时刻警戒着四伏的危险。

左图：德罗萨斯将军。他给了达尔文在他所控制的领土内旅行的许可，后来他成为阿根廷的独裁统治者，政权被推翻后逃到英格兰。

笑，他们大声说，他们看到过各种各样的动物被套住，但是从未见过一个人把自己套住。”

我们必须去试着想象年轻的“博物学家唐·卡洛斯”腰带上挂着手枪，鞍囊里揣着地质锤，在潘帕斯草原上驰骋，并用西班牙语和他的同伴畅谈。但有时他会停下来，拿出口袋里的笔记本用英语做笔记，并零星使用几个西班牙词汇。在1833年8月的一个糟糕雨夜，达尔文在他的笔记本上草草记下：“船还没来。这是一个糟糕的夜晚，大雨滂沱，颇具高卓人品质的我并不介意。”在后来的生活中，达尔文写信时会不时地用几个西班牙词汇，比如

小猎犬号航海记

在整个航行过程中，达尔文与朋友和家人都保持着书信交流。这些信件有时要花上好几个月才能到达目的地。此外，达尔文会定期把自己新写的日记的一部分寄回家给家人阅读。这些日记后来成为达尔文的第一部著作《皇家军舰小猎犬号所访各国的地质学和自然史研究日志》（*Journal of Researches into the Geology and Natural History of the Various Countries Visited by H.M.S. Beagle*）的基础。这本书现在更常用的名字是《小猎犬号航海记》（*The Voyage of the Beagle*）。达尔文还把航行中收集成箱的标本寄给亨斯洛，亨斯洛将其保存在剑桥大学，直到达尔文归来。

左图：一只正在捕食毛虫的步行虫，由达尔文于巴塔哥尼亚采集。

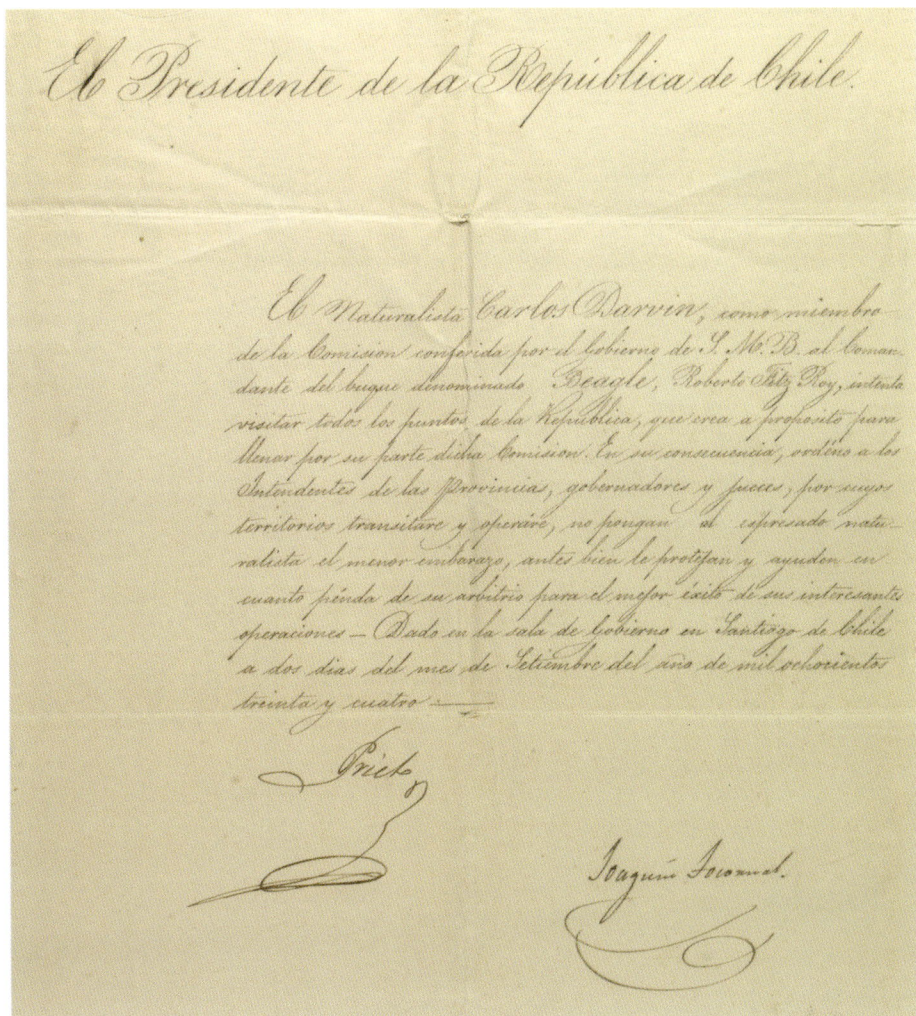

El Presidente de la República de Chile.

El Naturalista Carlos Darvin, como miembro de la Comisión conferida por el Gobierno de S. M. B. al comandante del buque denominado Beagle, Roberto Fitz Roy, intenta visitar todos los puntos de la República, que crea a propósito para llenar por su parte dicha Comisión. En su consecuencia, ordeno a los Intendentes de las Provincias, gobernadores y jueces, por cuyos territorios transitare y operare, no pongan al expresado naturalista el menor embarazo, antes bien le protejan y ayuden en cuanto penda de su arbitrio para el mejor éxito de sus interesantes operaciones — Dado en la sala de Gobierno en Santiago de Chile a dos días del mes de Setiembre del año de mil ochocientos treinta y cuatro —

Prieto

Joaquín Tocornal.

右图：达尔文的护照，由智利总统签发。达尔文被称为"博物学家卡洛斯·达尔文"。

adios（再见）。

南美洲的很多经历都给达尔文留下了深刻印象，其中一件就是往南走的过程中，物种发生了变化，也是这点后来指引他提出了进化论。达尔文发现，一类物种会消失，而另一种类似的物种则开始出现。有一个很好的例子就是美洲鸵。对于这种潘帕斯草原上随处可见的动物，达尔文再熟悉不过了。但高卓人告诉他有一种更小、更稀有的美洲鸵，在平原与黑河的交界处非常少见。在德塞阿多港附近扎营的时候，达尔文的一个同伴射中了一只小鸵鸟，他们把它当晚餐吃掉了。达尔文一开始以为这是一只常见的美洲鸵的幼鸟，直至他们吃完晚餐，他才想起珍稀的小美洲鸵。他收集起了它的残留部分，包括"头、脖子、腿、翅膀，以及很多大羽毛和一大块皮"。达尔文后来了解到，这种鸵鸟在更往南的地方"到处都是"，事实上取代了北方的品种。他当时想象不出为什么会这样，但这个令人好奇的事实，他在接下来的若干年里都在继续思考。

化石的发现

在巴塔哥尼亚的南部，达尔文发现了已经灭绝的巨型哺乳动物的化石。在随从锡姆·卡文顿（Syms Covington）的帮助下，他花了几个小时将它们从河岸挖了出来，其中包括巨型的骨头、牙齿和神秘的鳞甲，有些后来被证明是科学界的新发现。

对页（上图）：小猎犬号因需修理而搁浅于圣克鲁斯河，由康拉德·马滕斯（Conrad Martens）所绘。

对页（下图）：格雷戈里湾的巴塔哥尼亚人，由康拉德·马滕斯所绘，源自《记事》（1839年）。

达尔文立刻就可以看出其中一些化石与南美洲独有的现生栖息动物非常相似，例如犰狳和树懒。这不像在澳大利亚收集到的标本（已经灭绝的有袋动物化石）。达尔文关心的是为什么这些生物后来会灭绝，而潘帕斯草原现在看起来如此平静。有一种可能性就是一场灾难性的洪水席卷了整个地区，将这些巨型野兽尽数冲走。

达尔文观察到了一个有意思的证据来源，那就是和已经灭绝的巨型动物一起嵌在土壤中的贝壳，它们实际上和附近海域的现生贝壳几乎一模一样。他还发现了鲸鱼的化石，连带着一些附着其上的藤壶化石。通过仔细观察这些证据，达尔文发现，在被沉积物覆盖之前，鲸鱼的骨头在海里已经暴露了一段时间，且时间长到藤壶在其表面形成了一层硬壳。这表明哺乳动物的化石不是被大洪水冲走的，而是它们的遗骸被冲到河口，在一个平静的环境中慢慢被淤泥所覆盖。同样的过程一直在发生着。然而这未能解释巨型哺乳动物灭绝的原因。

这些化石位于东海岸，慢慢被海水淹没。现在之所以能够在干燥的陆地上发现它们，是因为后来陆地逐渐被抬升了。而这些上升了的陆地后来被河流冲击而分开，所以达尔文发现了它们。

幸运的是，达尔文当时刚刚收到了赖尔的《地质学原理》的第二卷，该书探讨了一些灭绝的物种。赖尔提出，根据化石记录，物种似乎是逐渐消失的，这可能是因为当地的自然原因，而新的物种又被创造出来取代了原先的物种。这是如何发生的尚不清楚，但那时的人们会认为这可能是上帝造物的结果。达尔文现在面对的实例与最新的理论问题正好相关。

理查德·欧文（Richard Owen）在航行后对所有这些化石进行了记述，由达尔文编辑并指导，出版了图书《小猎犬号之旅的动物学》（*Zoology of the Voyage of H.M.S. Beagle*）（1838—1843）。如果没有以前科学家们的研究和成果的发表，达尔文永远不会察觉他的这些化石所具有的价值——它们看起来不过是些神秘古老的骨头。但在他所处的时代的科学背景下，他能够意识到这些遗骸来自非常古老的动物（以人类的标准来看），并且如今这些动物已经从地球上消失且再也不会出现了。奇怪的是，它们与南美洲的现生动物，而非其他地方的动物类似。

大懒兽

大懒兽（Megatherium，即拉丁文的"巨兽"），由乔治·居维叶于1796年研究并命名。大懒兽的一具完整的骨架从南美洲被运到马德里。乔治·居维叶指出，尽管它的大小与一头小象相当，但是这种动物依然和南美洲特有的现生树懒属于同一科。很明显，这样一种巨型动物不可能在几个世纪里都无人察觉，因此它成为人类已知的灭绝最早的动物之一。在达尔文的时代，大懒兽是在南美洲被发现的三个仅有的已知大型化石物种之一。

下图：一副重建的大懒兽骨架。达尔文找到了这种已经灭绝的"巨型地懒"的许多骨头。

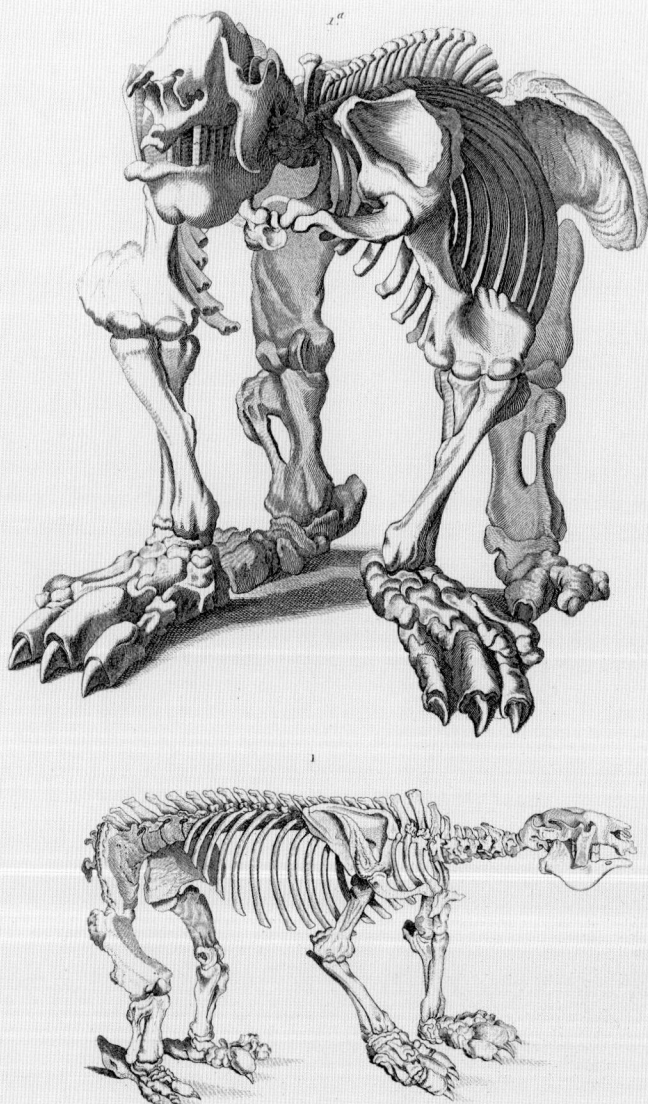

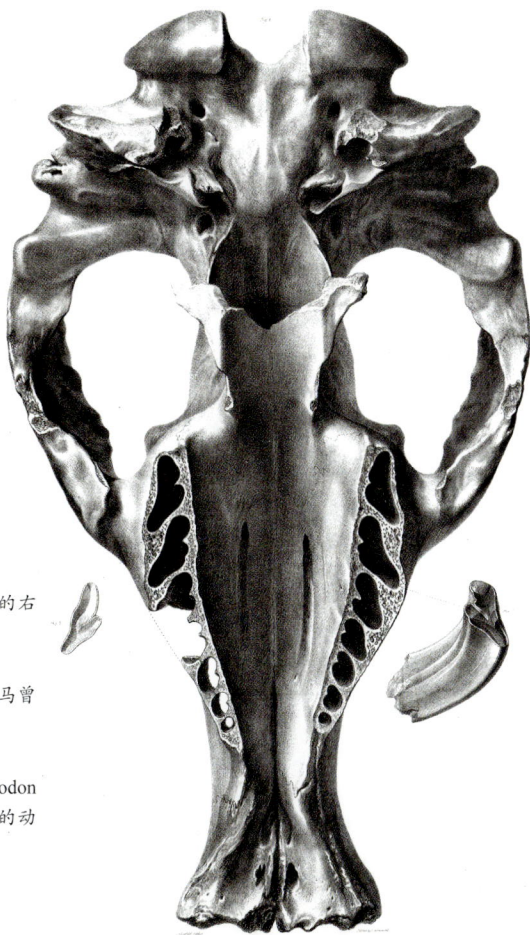

上图（左一）：达尔文收集的标本——长颈驼（Macrauchenia patachonica）的右前蹄骨，现保存于伦敦的自然历史博物馆。

上图（左二）：达尔文在古老岩石中发现的一种已经灭绝的马的牙齿，证明马曾存在于新大陆[1]。

右图：达尔文在距离蒙得维的亚约193千米的地方发现的箭齿兽（Toxodon platensis）（名字含义为弓箭手的弓齿）的颅底。该版画是《小猎犬号之旅的动物学》（1838—1843年）中一幅超过60厘米长的实物大小的插图。

1　The New World，即美洲大陆。

下图：一具箭齿兽的头骨，由达尔文在蒙得维的亚周边采集。

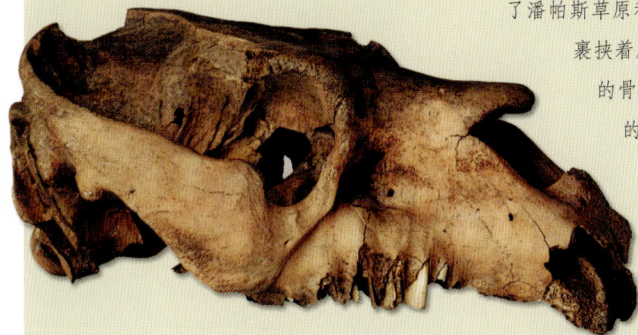

被埋葬的遗骸

在《小猎犬号之旅的动物学》的序言中，达尔文写道："我们也许可以确定，在并不算非常遥远的一个时期，一个巨大的海湾占据了潘帕斯草原和拉普拉塔河东岸区的南部。河流注入这个海湾……裹挟着居住在周边地带的动物的尸体（如今也是如此），它们的骨架被河口静静积累起来的淤泥所埋葬。正是漫长时间的积累，如今才可以发现这么多被埋葬的遗骸。"

火地岛与野蛮人

火地岛位于南美洲的最南端，菲茨罗伊上校在上次航行中从火地岛带回了四个印第安人。菲茨罗伊上校让他们在英格兰接受了教育和基督教化。

菲茨罗伊上校带回的四个印第安人中包括三个青年男人，他们分别被称为"船的回忆（Boat Memory）""约克大教堂（York Minster）"和"杰米·巴顿（Jemmy Button）"，还有一个年轻的女孩，叫"火地岛之篮（Fuegia Basket）"。"船的回忆"在英格兰死于天花，剩下的三个人都和达尔文在小猎犬号上一起待过一段时间。随行的还有一位年轻的英国传教士理查德·马修斯（Richard Matthews），他计划和火地岛人待在一起，并建立一个布道所。达尔文在他早期航行的日记中很少提到这几名火地岛人，只有一次提到了"火地岛之篮"，说她"体型一天天地往各个方向膨胀，就是不见竖着长"。

当小猎犬号在1832年12月碰上了一群几乎全裸的火地岛人时，达尔文被深深地震惊了。"这是我所见过的最不寻常又最有趣的场面，我没法想象野蛮人和文明人之间竟然有这么大的差异，比野生动物和驯化动物之间的差别大得多了。"这些火地岛人不顾严寒，几乎全裸着凑在海滩上看着这些外来人士。在达尔文听来，他们的语言就如同清嗓时发出的声响。他们几乎没有什么财产，除了矛、弓和箭。"皮肤是脏兮兮的铜色，唯一的衣服是一大块原驼皮，有毛的一面朝外，随意地搭在他们的肩上。一只胳膊和腿裸露着……他们的食物主要是帽贝和贻贝，还有海豹和一些鸟类。"还有一次，达尔文看到"一个女人正在为刚出生的婴儿哺乳……雨雪落在她裸露的胸部上，也落在她那赤裸的婴孩身上，然后融化了。"这些野人和彬彬有礼、干净整洁、穿着锃亮皮鞋的杰米·巴顿相比，两者间的差异着实令人震惊。

布道所由三座木制棚屋构成，还有很多储物间和花园。当地的火地岛人会索要他们看到的每件东西，偷走他们能偷走的任何物品。即便如此，小猎犬号因为要继续进一步的勘察工作，还是留下了马修斯和三个被英国化了的火地岛人，两周后才返回。当看到小猎犬号回来的时候，马修斯差点儿跳到海里游回船上。在船只出现的那一刻，火地岛人正用蚌壳当钳子一根一根地拔下他的胡子。这次传教以失败告终，但英国化了的几个火地岛人也不想回英格兰了。

一年过后，也就是 1834 年初，小猎犬号再次回到这片土地。"约克大教堂"抢劫了"杰米·巴顿"并背弃了他，从他身边带走了"火地岛之篮"。小猎犬号的船员们非常惊愕地发现"杰米·巴顿"又回到了原先的野蛮状态，几乎全裸着，而且长发糟乱。

这些以狩猎采集为生的野人像动物一样蜷曲在地上睡觉，这一情景对达尔文产生了深远的影响，并最终使他相信，人类身上有着不可否认的动物性。文明虽与他眼前的野蛮有着天壤之别，却会随着环境的改变而消失，正如衣着体面的"杰米·巴顿"在火地岛又重返野性状态一样。没有什么能比这更有力地让达尔文认识到，人类之间的差别竟然这么大。当时他自己的身边既有实实在在的野蛮人，也有最有教养的英国上层人士，透过这一切，达尔文能够意识到，人类始终还是那要吃、要睡、会杀戮，也会互相传染疾病的动物。

左图：火地岛塔肯尼卡（Tekeenica）部落的一名男子，由康拉德·马滕斯所绘。达尔文看到有人类竟然像动物一样生活，感到十分震惊。

对页（底部）：位于马达兰海峡霍普港的火地岛人所住的圆顶棚屋，由菲利普·帕克·金（Philip Parker King）所绘。

与死神擦肩而过

小猎犬号顶着风暴，穿过合恩角附近的危险水域。1833 年 1 月 13 日，海上刮起了 11 级的大风，一系列猛兽般的海浪向小猎犬号袭来。第一波巨浪降低了船的速度，第二波把它横了过来。受到第三波巨浪的撞击时，船体向右边倾斜，半个甲板被水覆盖。如果有第四波巨浪再次袭来，那么小猎犬号连同达尔文，就都将葬身汪洋大海了。菲茨罗伊上校回忆道："那一刻，我们的情况非常危急，巨浪像个桶一样，又滚了回来，几英尺深的水漫过了半个甲板。"

左图：《严酷的考验》。1833 年 1 月 13 日下午 1:45，在合恩角附近水域的小猎犬号上，由约翰·钱塞勒（John Chancellor）所绘。

令人痛心的改变

一年以后，小猎犬号回访了"杰米·巴顿"。"他的样子让人非常痛心。他瘦削苍白，头发披散到肩上，没有一件衣服，除了腰间的一小块毯子。当划艇靠岸的时候，他背对着我们，想必自己也感到十分羞愧。当初他离开我们的时候，吃得很胖，对衣服也特别讲究，并且总怕弄脏了鞋子。他很少不戴手套，头发也打理得干净利落。我从来没见过这样彻底和令人痛心的改变。"［查尔斯·达尔文，《小猎犬号日记》，由凯恩斯（R. D. Keynes）编辑，1988年，第226页］

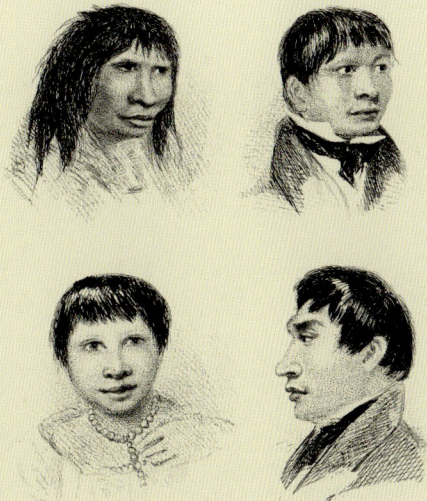

右图：菲茨罗伊公开了这些他们遇到的火地岛人的肖像，透露了他们的骨相特征。穿着欧洲服饰的是菲茨罗伊在小猎犬号的第一次航行中带回英格兰的火地岛人。这幅图源自《记事》(1839年)。

The STRAIT of
MAGALHAENS
commonly called MAGELLAN
Surveyed by the
OFFICERS OF HIS MAJESTY'S SHIPS
ADVENTURE AND BEAGLE
Under the direction of
Captains Phillip Parker King F.R.S.
Pringle Stokes & Robert Fitz Roy
1826-34.

第58～59页：一张麦哲伦海峡的测量图，由冒险号与小猎犬号上的海军军官共同绘制。其中，海岸上标注的小数字代表船员们探测的水深。该图源自《记事》(1839年)。

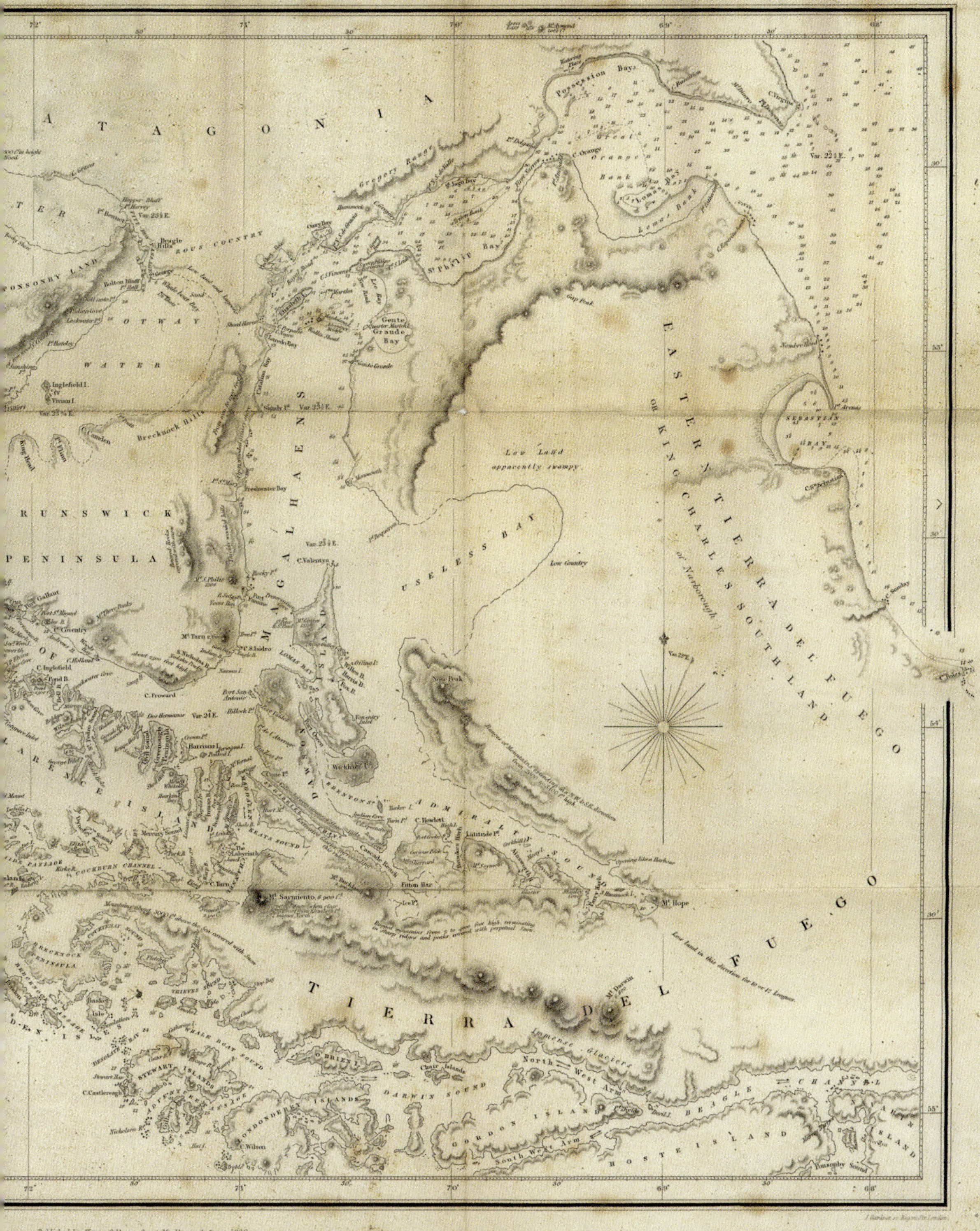

Published by Henry Colburn, Great Marlborough Street, 1839.

南美洲西部

自1834年，小猎犬号考察了南美洲的西海岸，频频到访智利和秘鲁。达尔文正是在这里亲自体会到了一些能够改变地表面貌的地质力量，也就是赖尔所认为的那些实际原因。

1835年初，达尔文在晚上见证了两次强力的火山爆发。大海被一道长长的光芒所照亮，在火山喷发的光亮中可以看到大块的深色石头被高高地抛向空中，然后落在地上。

除此之外，达尔文还在智利经历了一次摧毁了几十个城镇和村庄的大地震。达尔文记录道："像这样的大地震立刻就能够摧毁最古老的部落。陆地像液体上的一层壳，在我们的脚下移动。我的大脑立刻产生了一种奇怪的不安全感，这是几个小时的沉思所创造不出来的。"小猎犬号访问了智利的港口城市康塞普西翁。那次地震及随之而来的海啸摧毁了这座城市，以及塔尔卡瓦诺港和附近的70座村庄，大教堂也陷落在废墟之中。达尔文注意到那些与震源方向垂直的建筑物大多被震倒了，然而很多与之平行的建筑物仍矗立在那里。

在大地震后的几周里，菲茨罗伊和达尔文一起渐渐弄清了到底发生了什么。大地震影响了附近1126千米×643千米范围内的广阔区域。大约从东方传来的反复余震，有时会在地上留下南北向的长长裂隙。达尔文将此记录在他的日记中："地震和火山爆发是这个世界最为壮观的现象之一。"从被浸没的岩石可以看到，海岸线已经抬升了2.4米。达尔文开始在内陆搜寻海贝的存在，以找到证明过去曾发生大地震的证据。他找到了想找的，还在海平面70米以上的地方找到了。当地人并不相信这些贝壳是海贝，因为它们是在山区被发现的。"我发现在这里讨论的话题和之前欧洲有学问的人对这类贝壳起源的关注是一样的，这真的很有趣。它们到底是真正的贝壳，还是造物主所创造的呢？"

对页：奇洛埃岛的圣卡洛斯，刻版素描画，由康拉德·马滕斯所绘，源自《记事》（1839年）。

右图：卡斯特罗市古老的木制教堂，由菲利普·帕克·金所绘，源自《记事》（1839年）。

'OLD CHURCH AT CASTRO.

1834年12月7日

"在我们到达圣佩特里岛的晚上，我们发现小猎犬号抛锚了。为了确定锚点，船上的两个官员到岸上用经纬仪测了一轮角度。当时，有一只狐狸坐在石头上，据说它是这座岛上独有的一种狐狸，非常罕见，而且是罕有人提及的品种。它如此聚精会神地沉浸在对人类操作的观察中，使我能够悄悄地绕到它的身后，用我的地质锤给它的脑袋来上一击。这只狐狸比它的同类更有好奇心，或者说更有"科研精神"，但少了点智慧和机警，现在被安置在英国动物学会的博物馆中。"［查尔斯·达尔文，《研究日志》（*Journal of Researches*），1839年，第341页］

左图：达尔文狐，即1834年12月7日达尔文用地质锤击倒的那种狐狸。

达尔文将赖尔的地质学原理应用于此。他发现南美洲西海岸由于自然作用正逐渐被抬升，直至现在也没有停止。他也意识到，即便相对于他所经历过的大地震来说，这只是个微小的事件，但如果在足够长的时间里反复发生和积累，也足以解释雄伟的安第斯山脉是怎样形成的了。

地壳的某些部分会持续地抬升和下沉，这一事实使达尔文与现代板块构造学仅有咫尺之遥。而他最终还是偏离了此点的原因是，他没有意识到地壳也会水平漂移。大片地壳会抬升和下沉的原理使达尔文提出了他首创的伟大理论之一——珊瑚礁和环状珊瑚岛礁的形成原因。

但这一理解并非总将他引向正确的理论。达尔文后来用垂直方向上的抬升和下沉这一原理来解释苏格兰沿山腰分布的残余海滩（罗伊峡谷）。他相信，这个在南美洲和太平洋地区如此常见的地质原理也可以解释这些现象。但后来他对这一理论非常失望，事实证明，是冰山的存在堵塞了山谷，淡水湖因此形成。

对页：奇洛埃岛的地图和小猎犬号附近的海岸，源自《记事》（1839年）。

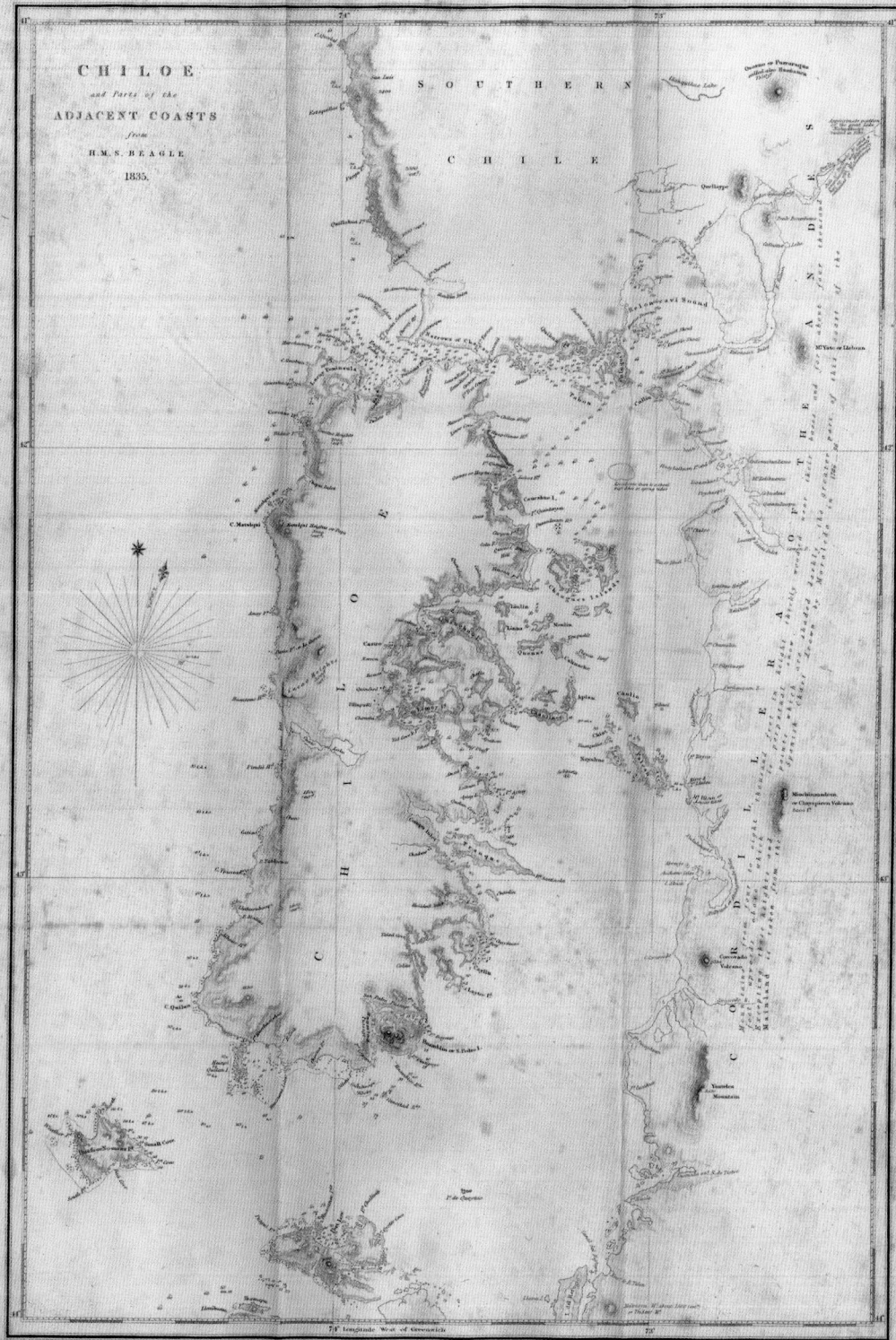

CHILOE
and Parts of the
ADJACENT COASTS
from
H.M.S. BEAGLE
1835.

达尔文关于环状珊瑚岛礁的理论

"我没有哪项工作像这项这么具有推理演绎精神。整个理论都是我还没见过真正的珊瑚礁时，在南美洲的西海岸想出来的……我在过去的两年里一直在不断地关注南美洲陆地间歇发生的抬升，还有剥蚀和沉积。这就必然使我更多地去反思下沉的影响，我在想象中将持续沉淀的沉积物换成向上生长的珊瑚。于是，关于堡礁和环礁的形成理论就这样成形了。"（《达尔文自传》，1958年，第98页）

下图：瓦尔迪维亚，智利南部城市。"这个小镇位于低矮的河岸上，完全被掩映在苹果树的树林中，这里的街道其实就是果园里的小径。"

右图:《科迪勒拉山脉的景色》(1826年),由约翰·迈尔斯(John Miers)所绘。达尔文经常查阅采矿工程师迈尔斯的成果,想知道这位先行者观察到了什么。迈尔斯曾在19世纪二三十年代在南美洲旅行。

下图:秘鲁利马,达尔文于1835年7月到访此地。该照片摄于约1860年。

GALAPAGOS ISLANDS.
By the Officers of
H.M.S.BEAGLE.
1835.

加拉帕戈斯群岛：真实的故事

在今天看来，达尔文在小猎犬号的航行中没有哪一段比在加拉帕戈斯群岛的经历更被大家所熟知，更加具有传奇色彩了。小猎犬号在那里停留了五周，即从1835年的9月15日到10月20日。小猎犬号的船员们绘制了一系列海图，直到20世纪40年代还在被使用。

达尔文在岸上待了19天左右，去了查塔姆岛、查尔斯岛、阿尔伯马尔岛和詹姆斯岛。历史学家现在已经了解到达尔文在岛上时还没有发现进化论。事实上，笔者的调研已经表明，达尔文因为观察雀喙而在加拉帕戈斯群岛发现进化论这一传闻直到20世纪中叶才成真。

当小猎犬号最后一次离开南美洲西海岸的时候，达尔文对研究加拉帕戈斯群岛的地质情况特别感兴趣。但当小猎犬号到达的时候，达尔文对这大片贫瘠且岩石嶙峋的群岛有所失望。然而，他很快发现，这片群岛是火山喷发的结果，而且时间并不久远。小猎犬号的探测显示，群岛周围及各岛之间的海水很深，似乎说明这里曾有很高的火山，而不是南美洲大陆可见的延伸。

这使达尔文对岛上的栖息动物更加好奇了。达尔文可以看出，这些群岛由海底火山喷发的熔岩凝固而成，尤其当他在沉积物中发现了海贝化石，便更加确认此事。这意味着，这些岛屿刚出现的时候应

对页：小猎犬号的船员们所绘制的南美洲地图，源自《记事》（1839年）。

右图：小猎犬号在加拉帕戈斯群岛航行。1835年10月17日下午2:15，由约翰·钱塞勒所绘。这是小猎犬号最后一次放下小艇去加拉帕戈斯群岛接达尔文等人。

生物的分布

"这些岛屿彼此大概相距八九十千米，它们中绝大多数可以互相隔海望见。海岛上有完全一样的岩石，气候相似，海拔也差不多一样高。我做梦也没有想到它们居然会拥有不同的栖居者，但我很快就意识到事情就是这样。我刚在当地获得最有意思的发现就匆匆离开了，这是绝大多数航海者的命运。但我或许应该心存感恩，因为我已经获得了充足的材料可以证明这一关于生物分布的如此不寻常的事实。"（查尔斯·达尔文，《研究日志》，第二版，1845年，第394页）

左图："统治者之井"，又称"滴水石"，位于加拉帕戈斯群岛中查尔斯岛的山脚。

该毫无生命的踪迹。置身于群岛上的达尔文仍然笃信着赖尔的那套理论，认为物种会在某一特定中心被创造，然后向外发散。他很想知道加拉帕戈斯群岛上的物种是从哪个创造中心迁移而来的。

加拉帕戈斯群岛上的动物以不怕人而闻名。在这里收集标本几乎不需要枪。达尔文曾靠近一只鹰，直到他站得足够近，用枪膛拨了它一下，它才从树枝上飞走。

这些鸟跟那些在南美洲大陆的鸟很像，尽管达尔文未曾去过与加拉帕戈斯群岛纬度相同的南美洲大陆。达尔文从所收集到的标本中发现，三座岛屿上的嘲鸫各有不同。他那时没有意识到很多陆地上的鸟会因栖息岛屿的不同而不同，尤其当这些群岛近到可以彼此相互望见。达尔文甚至不知道，自1935年以来，那些所有被称为"达尔文雀"的鸟儿其实都是雀类。直到他让一位在世界各地收集标本的专业鸟类学家检视过这些标本以后，才确定这些

左图：从加拉帕戈斯群岛采集到的一种鸟的标本。这种鸟叫作查尔斯嘲鸫，在加拉帕戈斯群岛吸引了达尔文的注意。

标本是独有物种，而且是本地物种的变种。

达尔文还特别注意到了巨型海龟。他测量了它们移动的速度大概是每10分钟54米，还测量了它们喝水的频率，观察了它们产蛋的情况。"我经常会坐到它们的背上，在壳的后部敲几下，它们就会起身往前爬，但我发现在壳上保持平衡非常困难。"

右图：在詹姆斯岛收集到的加拉帕戈斯群岛的一种鸟，叫作圣岛嘲鸫。达尔文那时注意到它们是不同于其他岛屿的一种特殊的鸟类，就像他听说那里的乌龟也与众不同一样。

玄之又玄

"这些群岛的自然史特别令人生奇，也非常值得关注。这里绝大部分是在别的地方找不到的土著生物……而所有的一切都表明，它们跟美洲大陆的那些生物有明显的联系……这个群岛是个自成一体的小世界……火山口的堆积物高度，以及大多数岩浆流的界限，让我们相信，在一段较近的地质时期内，海洋曾从这里蔓延开去。因此，在空间和时间维度上，我们似乎都被带到了那个伟大真理、那个玄之又玄的奥秘的面前，即新生物在地球上的第一次出现。"（查尔斯·达尔文，《研究日志》，第二版，1845年，第377页）

下图：达尔文在加拉帕戈斯群岛上测量陆龟的移动速度。达尔文的穿着和面部须发都是典型的19世纪90年代的风格。该画由查尔斯·弗雷德里克·霍德（Charles Frederick Holder）为一部颇受欢迎的传记所绘。

有两种鬣蜥只在加拉帕戈斯群岛上可以找到。其中一种是陆生的。达尔文发现它们会在沙子里挖洞。"我观察了一只鬣蜥很长时间，直到它半个身子都钻了进去。于是我走过去，抓住它的尾巴。它受了惊，赶紧爬出来看看发生了什么。它瞪着我看，仿佛在说：'你拽我尾巴干什么？'"

达尔文解剖了一些半水生的鬣蜥，这是他的研究的一部分。鬣蜥因其半水生的生活模式而成为世界上独一无二的物种。达尔文发现它们是食草动物。

尽管在加拉帕戈斯群岛上他没有想到进化论，但这段经历后来还是对他的想法产生了深远影响，而且成为达尔文进化论的三大灵感之一。

穿越太平洋与环游世界

小猎犬号从加拉帕戈斯群岛起航，向西航行5150千米，穿过低矮危险的群岛后，达尔文"看到了一些最奇特的刚刚升至水面的珊瑚环岛，它们被称为潟湖群岛"，然后最终到达塔希提岛。

达尔文和菲茨罗伊发现当地人乐天又聪明。达尔文在塔希提向导的带领下进入山区考察，向导向他展示了远离大陆的生活是怎样的。传教士的活动给达尔文和菲茨罗伊两人留下了深刻的印象。菲茨罗伊与当地的女王进行了正式会面，后来女王还被邀请登上小猎犬号，欣赏了歌舞和焰火表演。

小猎犬号接下来向新西兰驶去。那里的本地人没有给达尔文留下多么深的印象，他倒是再次被传教士的活动吸引了。在此之后，他们还去了澳大利亚的悉尼。在逗留此处期间，他在日记中写道："我一直躺在阳光明媚的岸边，没怎么去看当地与众不同的动物。不相信超越自己理性的任何事情的人，可能会惊叹道：'当然应该有两个不同的造物主在工作，但他们的目标是一样的。当然，他们的目标也都完成了。'然而这么想着时，我发现了一只蚁狮设置的圆锥形陷阱……毫无疑问，这只食肉的幼虫和欧洲的是同一个属，却是不同的种类。那么怀疑论者要怎么说呢？会有两个工匠能够凑巧都打造出如此美丽、如此简单的人工之作吗？"

土著人教达尔文如何用投掷棒来扔回旋镖和长矛。然而，作为一位儒雅的英国绅士，达尔文被那充斥着有犯罪前科的奴仆和暴发户的粗犷式澳大利亚社会所震惊。在小猎犬号起航时，他在日记中写道："永别了，澳大利亚。你是一个新生的婴儿，在未来的某天，你无疑将会成为南半球的君王，但是你实在太野心勃勃地渴望获得仰慕了，却还没有那么值得被尊重。我离开你时没有悲伤也没有遗憾。"

接下来，他们到了印度洋的基林群岛，达尔文在那里有机会仔细地考察珊瑚环礁。他们又航行到了毛里求斯，并从那里启航，于1836年5月到达南美洲。按照计划，他们要停留一个月来完成天文钟计时的读数，达尔文则在此做了一些探索。这里稀少的植被使他想起了南美洲的巨兽化石。如果大象和犀牛能够在非洲热带大草原生存，那么南美洲巨兽就不会因为缺乏食物而消失了。达尔文还为能见到当时最杰出的英国科学家、天文学家约翰·赫歇尔爵士而相当激动。那时，约翰·赫歇尔爵士为做天文学观察而住在南非。

至此，到了小猎犬号踏上返程之路的时候了。他们航行至圣赫勒拿岛，拿破仑就葬于此地。他们又到了阿森松岛，达尔

众多领域的大师

　　达尔文的阅读、收集、解剖、描述和编目分类技能都非常杰出。他的工作包罗万象，从珊瑚虫的显微观察到整个大陆的地质史调查与重建，他具有众多领域的高超能力。再加上他具有环游世界的经历，意味着全球生物的分布都让他尽收眼底，而大多数人只能通过阅读来想象。

上图： 达尔文还曾研究过海洋生物，这幅图是一组珊瑚群，由贝尔若（C. Berjeau）大约于1870年所绘。

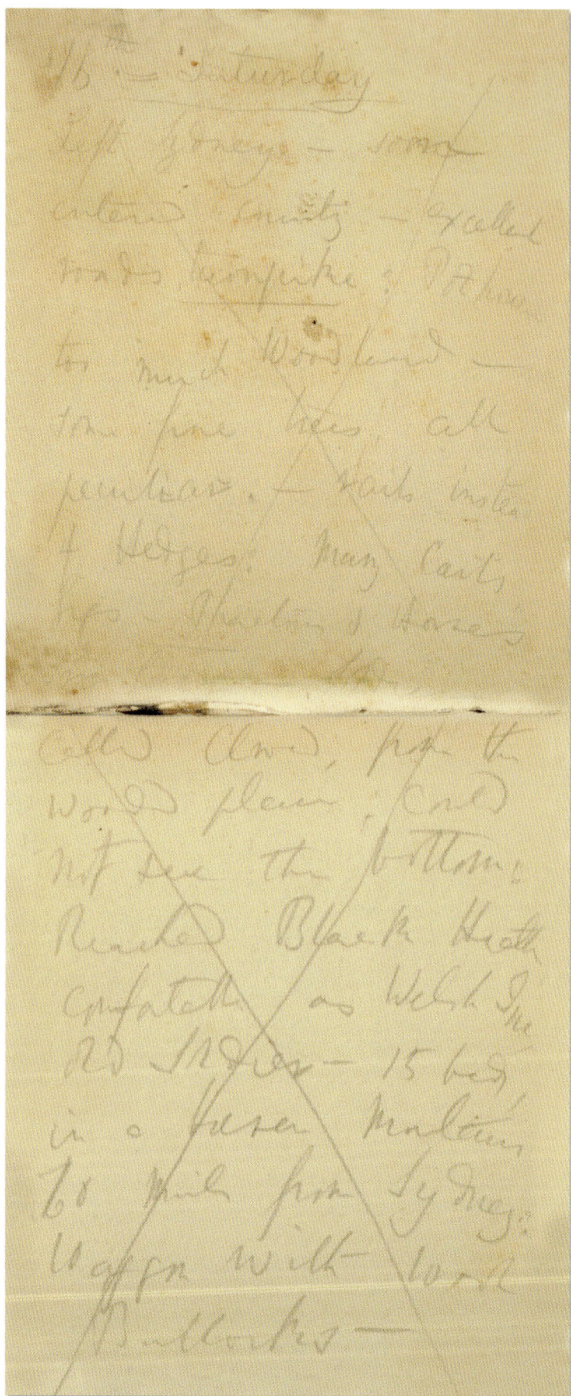

上图和对页： 达尔文随小猎犬号航行期间所用的野外记录簿中的几页。这部分记录了达尔文于1836年在巴瑟斯特的考察，此地位于澳大利亚悉尼向西约200千米的地方。

much Clay Iron stone
Slight irregularity in
that Statification:
Sandstone generally
moderately hard; then
Statified in crust dip
inwards — Near
the hyperian find
most pebbles of Coarse
Gigantic Trappean rock
& schen Sandstone

Sunday 17th — Started 6
o'clock — gerze ascent of
Blue Mountains, great
fine Woods, —
Then plain, uneven, many
Valleys; gradually an
great deposit on when
the elevation — considey
of near 3000 ft —
Barne Woods, piles
pale & peculiar green

Vivation. fluttering;
semicircular; Cliff
What a sudden. so
natural that pitch a
stone over, perhaps 800
ft. grand wall,
about 2000 ft, grand
Vally, sea of forest,
necessity to go 16 mile
to reach base & back
here & there farm
Houses: On the
hyperian, puts some
escarpment of Blue
mountains, contemplate
edge of great plain
cultivated land,
Part of Bath. Men.
beautiful precision
in throwing balls
Epeth system — Means

右下：《记事》（1839年）第二卷中描绘的毛利人。菲茨罗伊认为毛利人和塔希提人属于同一种族，"是同一祖先的后裔"。

对页（上图）：小猎犬号在毛里求斯的路易斯港，源自1890年版的《研究日志》。这座岛屿的壮观景色给达尔文留下了深刻的印象。

左下：达尔文在航行期间使用的便携式测斜仪，用来测量角度、斜率和高度，由加里（Cary）在伦敦制造，花了达尔文25先令。

文在那里收到了一封信。"我在阿森松岛的时候收到了一封信，我的姐姐在信中告诉我，塞奇威克教授拜访了我父亲，并表示我将来应该会在领军的科学家中占有一席之地。"达尔文非常惊讶地发现，因为他在剑桥大学的导师亨斯洛教授的缘故，他的科研工作在国内竟变得颇有名气。亨斯

洛教授在一次科研会议中读了达尔文的来信，并将信件刊印出来。

接下来，小猎犬号继续向西航行到了巴西。在小猎犬号返回英格兰前，达尔文在这里享受了他对热带景观的最后一瞥。达尔文最终于1836年10月2日返回家中。

HOMEWARD BOUND.

物种的稳定性

在从南非回英格兰的途中，达尔文反复地思考着他的发现，并在他的鸟类笔记本上写下如下的话："我回忆起，西班牙土著能够通过观察身型、大小及龟壳形状立刻说出乌龟来自哪座岛屿。当我看到这些岛屿之间能够相互望见，岛上有稀有的动物，它们在自然界中占据着同样的位置，却在结构上略有区别，我不得不怀疑它们其实是变种……如果关于这些言论有什么微小的基础依据的话，群岛动物学就值得好好研究了，因为这些现象会破坏物种的稳定性。"

左图：小猎犬号启航回程的情景，首次公开发表于1890年版的《研究日志》中。

结婚还是不结婚

小猎犬号一回到英格兰，达尔文就匆匆赶回什鲁斯伯里与家人欢乐重聚。他们分别了五年零两天，看起来他的冒险之旅已经到了终点，然而事实并非如此。

从世界各地采集到的数以千计的样本终于得到了妥善的归置，它们或被装在箱子里，或用纸包裹，或被放在瓶子里用酒精浸泡着。达尔文的导师亨斯洛将它们存放在剑桥大学。他告诉达尔文，书面描述这些标本所用的时间将是采集它们的两倍。达尔文起先觉得这很荒谬，但后来证明亨斯洛简直太有先见之明了。

达尔文在什鲁斯伯里、剑桥和伦敦之间几次往返后，于1836年12月在剑桥的菲茨威廉街的一个房子里住了下来。他经常回基督学院，却发现那里已和昔日大不相同，从拱道中出现的年轻阳光的脸庞对他来说那么陌生。大家都很热衷于听达尔文讲冒险故事，他经常和他们在学院里共进晚餐。

1837年3月，为了能和科学学会离得更近，达尔文搬到了伦敦。他和家人从未有意识地放弃他成为一名教士的决定，但是他的科研生活逐渐填满了他所有的时间。重要的是，他没有变成一个游手好闲的人，就像他的父亲曾担心他会成为的那样。他最终成为英国科学界一位备受尊崇的人物。

达尔文采集的标本和所写的论文向科研精英们证明，年轻的达尔文先生是一位具有杰出素养的博物学家。他被人喜欢不只是因为他风趣幽默和乐观的性格，还因为他的才华和能力，而且从来没有高傲和令人讨厌的野心。依靠父亲慷慨的资助，无论从什么角度看，他都是一位具有绅士精神的科学家。

除了这一时期的科学工作，达尔文还开始严肃地思考宗教问题。他阅读了人类学家对于世界各地、不同历史时期的人类的描述。达尔文推测，既然大多数被人们所信奉的宗教都没有切实的支撑证据，那么基督教可能只是所有宗教中普通的一个。一个由来已久的支持上帝存在的理由，即信仰上帝是与生俱来的，在达尔文身上却从此失去了力量。人类学研究表明，这个世界上依然存在着没有这种信仰的人。

达尔文也开始了关于婚姻的思考。按照他惯有的方式，他用粗略的笔记来辅助思考。对于不结婚的好处，他写道："想去哪就去哪的自由；可以在俱乐部和聪明人交谈，而不用被迫去走亲访友或向各种琐事妥协。"他赞同婚姻的理由包括："孩子（如果这让上帝喜悦的话）；有人陪伴。"最后他认为结婚是最佳选择，然后和父亲讨论了此事。父亲建议他把自己关于宗教的疑惑都收起来，因为那只会让未来的妻子感到困扰。

达尔文最终选择了他的表姐艾玛·韦奇伍德——韦奇伍德陶艺世家的女儿。令他高兴的是，艾玛接受了他的求婚。他们于1839年1月结了婚，并很快搬到了他们的第一个家，位于伦敦的高尔街。房子的

颜色特别艳丽，他们给它起了个绰号叫
"鹦鹉小屋（Macaw[1] Cottage）"。

　　他们的婚姻很幸福，但不幸的是，达
尔文的健康很快便出现了问题。在他后来
的生活里，艾玛一直照顾着他。他们的第
一个儿子威廉出生于1839年12月，不出意
料的是，这"最新的样本"被充满父爱的
达尔文悉心观察且照顾着。

上图：萨默塞特宫。达
尔文在这里向地质学学
会宣读了若干篇重要
的论文。

1　热带美洲产的长尾大鹦鹉，又叫金刚鹦鹉，以色彩艳丽著称。

对页（下图）：雅典娜神庙俱乐部（Athenaeum Club[2]）的图书馆。达尔文结婚前经常来这里。

右图：雅典娜神庙俱乐部，位于帕尔摩街。达尔文于1838年成为其中的一名会员。

疑惑的开始

"这时，我渐渐发现《旧约》对世界历史的描述显然是不正确的，诸如巴别塔、彩虹之约等……我们对自然界的固有法则知道越多，越不可能相信奇迹的发生……那时的人类无知和轻信的程度几乎是我们所不能理解的。没有证据表明福音书是在事件发生的同时写就的，它在许多重要的细节上都有出入，这些通常被认为是目击者的粗心马虎，而对我来说却十分重要……我渐渐不再把基督教作为神的启示……这一信仰的解除在我心里发生得十分缓慢，但最终迎来的却是完全的解除。这个过程如此缓慢，以至于我都感觉不到痛苦，也没有哪怕一秒钟会怀疑自己的结论不正确。"（《达尔文自传》，1958年，第85页）

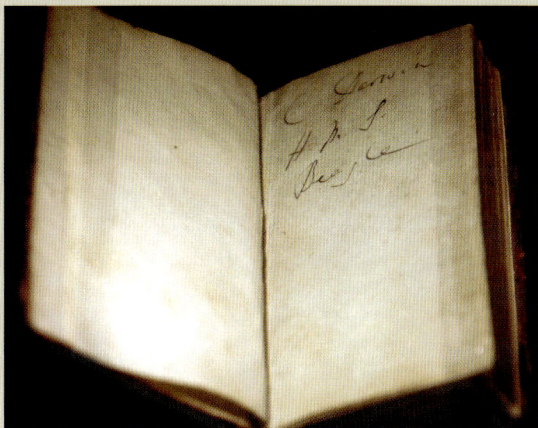

左图：一本德文版的《新约》，上有签名"C.达尔文皇家军舰小猎犬号"，为查尔斯·达尔文信托基金所有。

2　伦敦的一个私人会员俱乐部，成立于1824年，主要针对知识分子和社会精英开放，特别是（但不限于）那些在科学、工程、文学或艺术方面有所建树的人。

Marry

[This is the

Children — (if Please God) — Constant companion, (& friend in old age) who will feel interested in one, — object to be beloved & played with. — better than a dog anyhow. — Home, & someone to take care of house — Charms of Music & female chit-chat. — These things good for one's health. — but terrible loss of time. —

W My God, it is intolerable to think of spending one's whole life, like a neuter bee, working, working, & nothing after all. — No, no won't do. — Imagine living all one's day solitarily in smoky dirty London House. — Only picture to yourself a nice soft wife on a sofa with good fire, & books & music perhaps — Compare this vision with the dingy reality of Gt Marlbro Marry — Mary. Marry Q. E. D.

estion) ___ **Not Marry**

No children, (no second life) no one to care for one in old age. — What is the use of working in without sympathy from near & dear friends — who are near & dear friends to the old, except relatives

Freedom to go where one liked — choice of Society & little of it. — Conversation of clever men at clubs — Not forced to visit relatives, & to bend in every trifle — to have the expense & anxiety of children — perhaps quarrelling — Loss of time. — cannot read in the Evenings — fatness & idleness — Anxiety & responsibility — less money for books &c — if many children forced to gain one's bread. — (But then it is very bad for one's health to work too much)

Perhaps my wife won't like London; then the sentence is banishment & degradation into indolent, idle fool —

JOURNAL OF RESEARCHES

INTO THE

GEOLOGY

AND

NATURAL HISTORY

OF THE

VARIOUS COUNTRIES
VISITED BY H. M. S. BEAGLE,
UNDER THE COMMAND OF CAPTAIN FITZROY, R.N.
FROM 1832 TO 1836.

BY

CHARLES DARWIN, Esq., M.A. F.R.S.

SECRETARY TO THE GEOLOGICAL SOCIETY.

LONDON:
HENRY COLBURN, GREAT MARLBOROUGH STREET.

1839.

《研究日志》

在小猎犬号航行的后期，菲茨罗伊想读一读达尔文的一部分旅行日志（现为《航行记》，以避免与达尔文第一部著作的题目相混淆）。

菲茨罗伊认为这些日志非常值得发表，并且提议达尔文为记录小猎犬号第一次和第二次航行的"官方记述"撰写第三卷。"官方记述"是指由菲茨罗伊正在编著的《冒险号和小猎犬号探险船勘测航海记事》（简称《记事》）。1836—1837年，在剑桥安定下来以后，达尔文开始着手将他在船上写的日志改编成一本书。大部分的文本都没有改变，不过达尔文添加了一些有趣的科研发现的扼要描述。他于1837年11月完成了该书，但此时菲茨罗伊距离成书还很遥远，所以这套书的完成期限就推迟了。直到1839年，才得以出版并开始发售。

达尔文这卷的副标题是《日志与评论》（*Journal and Remarks*）。这一卷写得非常出色且有趣，很快就被冠以《皇家军舰小猎犬号所访各国的地质学和自然史研究日志》的名字，并单独成册和发行出售。这本书使达尔文成为一名重量级的科研名人，权威期刊《每季评论》（*Quarterly Review*）给予此书的评价是："最有趣的航行记录之一，填补了我们所知领域的空白，将永远在航海科研史上占有一席之地。"该书于1845年出版第二版时，书名调换了"地质学"和"自然史"两个词的位置。到1905年再版时，书名简化为《小猎犬号航海记》。

在整理和编写这本书时，达尔文第一次对物种起源开始了系统的思考，但他早期萌芽式的猜测几乎无法写成完整的文章。例如，在讨论南美洲西部的一些鸟类及其附近岛屿时，他认为："在这种情况下，当发现任何一种动物在大自然伟大的架构中似乎扮演着微不足道的角色时，人们很容易会问为什么不同的物种会被创造。"再比如，当讨论安第斯山脉作为东岸

对页：达尔文的《研究日志》（1839年）的扉页。

右图：达尔文的经典之作《小猎犬号航海记》首次问世时的扉页，出版于1839年。

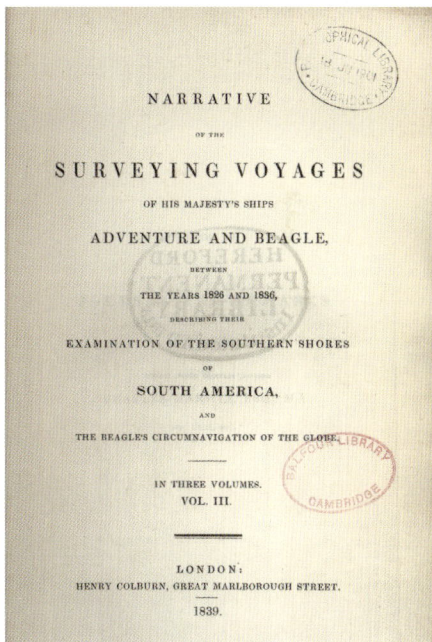

NARRATIVE

OF THE

SURVEYING VOYAGES

OF HIS MAJESTY'S SHIPS

ADVENTURE AND BEAGLE,

BETWEEN

THE YEARS 1826 AND 1836,

DESCRIBING THEIR

EXAMINATION OF THE SOUTHERN SHORES

OF

SOUTH AMERICA,

AND

THE BEAGLE'S CIRCUMNAVIGATION OF THE GLOBE.

IN THREE VOLUMES.
VOL. III.

LONDON:
HENRY COLBURN, GREAT MARLBOROUGH STREET.
1839.

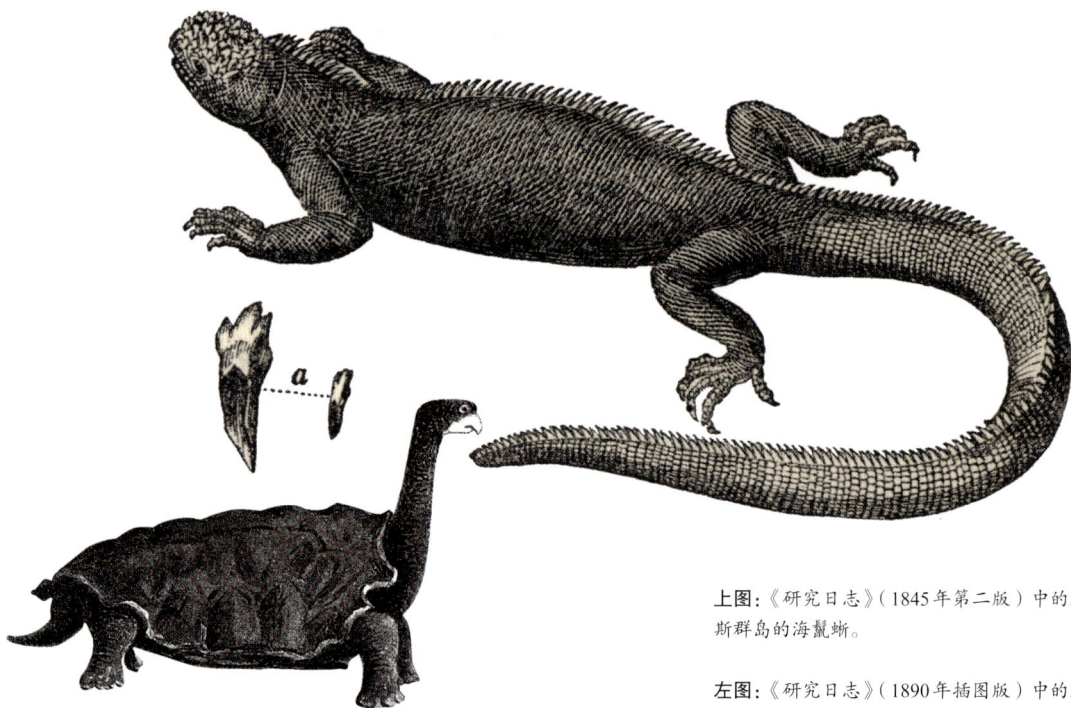

上图:《研究日志》(1845年第二版)中的加拉帕戈斯群岛的海鬣蜥。

左图:《研究日志》(1890年插图版)中的加拉帕戈斯群岛的陆龟。

和西岸物种分隔的重要屏障时,他说道:"除非我们假设同样的物种是在两个不同的国家创造的,否则我们不应该期待安第斯山脉两侧的物种比被广阔海域分隔在两岸的物种更相似。"

到1845年,达尔文的观点才趋于成熟,他对物种的一些新想法在那年准备出版的第二版书中也有所表露。比如说,当讨论一些已灭绝的巨兽的化石与"现生的树懒、食蚁兽和犰狳这些南美大陆动物目前最突出的代表特征"之间的关系时,他总结道:"研究同一块大陆上灭绝生物和现生生物之间奇妙的关系,将有助于我们理解地球上的物种如何出现又如何消失的问题。"他在加拉帕戈斯群岛时描述过"一群最奇异的雀鸟,它们的喙、短尾巴、体型和羽衣在结构上相互联系,它们是十三个不同的物种……"他又补充道:"最奇怪的是,鸟喙在大小上存在完美的渐变,因为有不少于六个物种的喙存在这样极细微

一篇重要的地质学论文

达尔文从小猎犬号回来后的三个月里,他向伦敦的多家科研团体,诸如地质学学会、动物学学会和昆虫学学会,讲述了他的发现。1838年3月7日,达尔文向地质学学会宣读了他最重要的一篇地质学论文。他指出,南美洲地质面貌的那些渐进而长期的变化源自积累的、非灾难性的因素。1840年,这篇文章经修改和润色后发表,即《关于南美洲某些火山现象的联系、山脉和火山的形成,以及由此导致的大陆抬升》(*On the connexion of certain volcanic phenomena in South America;and on the formation of mountain chains and volcanos, as the effect of the same powers by which continents are elevated*)这篇文章。

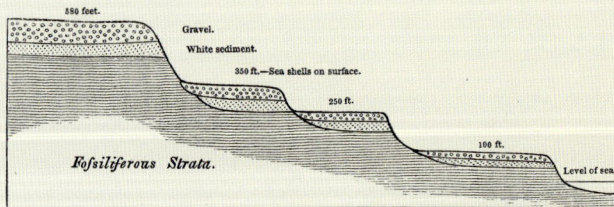

上图:巴塔哥尼亚呈阶梯状倾斜的平原的剖面图,呈现了达尔文地质调查的结果,源自《研究日志》(1839年)。

关于物种起源的陈述

在1837年5月31日向地质学学会宣读的论文《关于太平洋和印度洋中某些地区的抬升与沉降：源自珊瑚成因研究的推论》（*On certain areas of elevation and subsidence in the Pacific and Indian oceans，as deduced from the study of coral formations*）中，达尔文首次公开表达（且发表）了他对物种起源的兴趣："在一个小范围内，某些特定的现生生物群到底是一个曾经更大规模的生物群的残余，还是一个新出现的物种，这个问题也许从某种程度上可以得到解释。"

552

the draft observed to pass down into the well. The whole of the neighbouring district, to the extent of four miles, is called by the well-diggers, foul country. Similar phenomena were observed in digging a well on the opposite hill at Applebury, and also in forming some wells in the immediate vicinity of London.

May 31.—James Heywood, Esq., of Manchester ; Richard Owen, Esq., F.R.S., Hunterian Professor in the Royal College of Surgeons, London ; Robert William Mackay, Esq., of Lincoln's Inn ; and Charles Humfrey, Esq., A.M., of Downing College, Cambridge ; were elected Fellows of this Society.

" On certain areas of elevation and subsidence in the Pacific and Indian oceans, as deduced from the study of Coral Formations ;" by Charles Darwin, Esq., F.G.S.
The author commenced by observing on some of the most remarkable points in the structure of Lagoon islands. He then proceeded to show that the lamelliform corals, the only efficient agents in forming a reef, do not grow at any great depths ; and that beyond twelve fathoms the bottom generally consists of calcareous sand, or of masses of dead coral rock. As long as Lagoon islands were considered the only difficulty to be solved, the belief that corals constructed their habitations (or speaking more correctly, their skeletons), on the crests of submarine craters, was both plausible and very ingenious ; although the immense size, sinuous outline, and great number, must have startled any one who adopted this theory. Mr. Darwin remarked that a class of reefs which he calls "encircling" are quite, if not more, extraordinary. These form a ring round mountainous islands, at the distance of two and three miles from the shore ; rising on the outside from a profoundly deep ocean, and separated from the land by a channel, frequently about 200 and sometimes 300 feet deep. This structure as observed by Balbi resembles a lagoon, or an atoll, surrounding another island. In this case it is impossible, on account of the nature of the central mass, to consider the reef as based on an external crater, or on any accumulation of sediment ; for such reefs encircle the submarine prolongation of the islands, as well as the islands themselves. Of this case New Caledonia presents an extraordinary instance, the double line of reef extending 140 miles beyond the island. Again the Barrier reef, running for nearly 1000 miles parallel to the North-East coast of Australia, and including a wide and deep arm of the sea, forms a third class, and is the grandest and most extraordinary coral formation in the world.
The reef itself in the three classes, encircling, barrier and lagoon, is most closely similar ; the difference entirely lying in the absence or presence of neighbouring land, and the relative position which the reefs bear to it. The author particularly points out one difficulty in understanding the structure in the barrier and encircling classes, namely, that the reef extends so far from the shore, that a line drawn perpendicularly from its outer edge down to the solid

上图：达尔文于1837年在伦敦向地质学学会宣读的这篇重要科研论文中，他首次公开了他对物种起源的兴趣。

下图（靠上）：《研究日志》（1845年第二版）中的加拉帕戈斯群岛的雀鸟。"最奇怪的事是地雀属系的鸟喙在大小上具有完美的渐变……"

下图（靠下）：达尔文在小猎犬号的航行中收集并绘制的四条扁形虫的底视图版画，发表于1844年的一篇文章中。

的渐变。"达尔文宣称："在这样一个小而关系密切的鸟群中看到这样的渐变和结构的多样性，人们可能真的会想象，在这个原本缺乏鸟类的群岛中，有一个物种被创造出来，又被修改出多个不同的版本。"

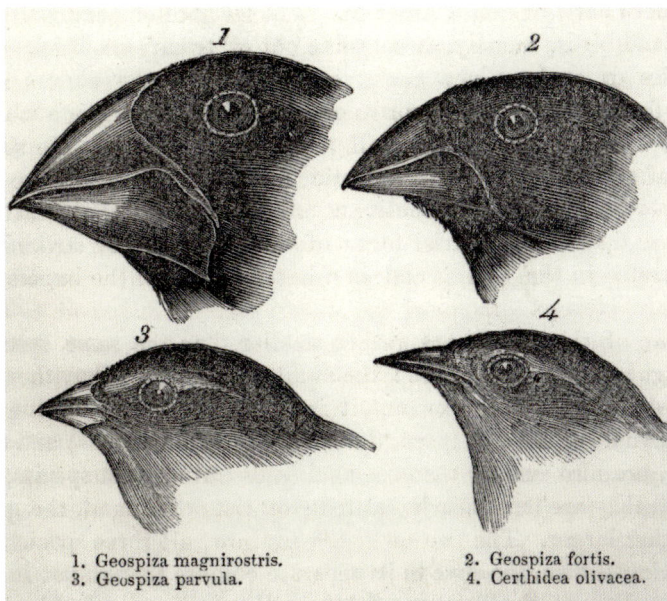

1. Geospiza magnirostris.
2. Geospiza fortis.
3. Geospiza parvula.
4. Certhidea olivacea.

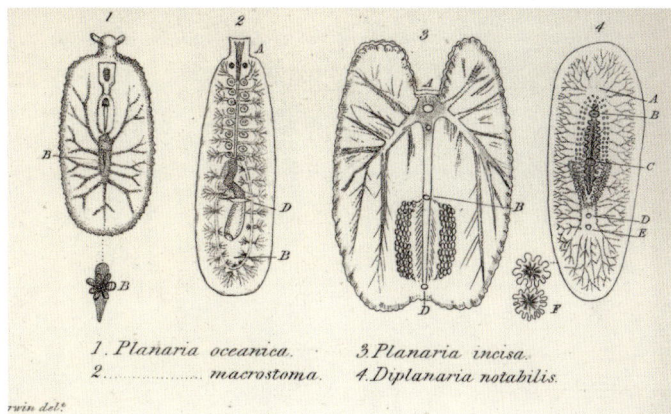

1. *Planaria oceanica.*
2. .... *macrostoma.*
3. *Planaria incisa.*
4. *Diplanaria notabilis.*

第 86 ～ 87 页：达尔文随身携带的日记中从 1839 年 1 月到 1846 年 9 月中的几页，在此期间他发表了《贝格尔号航海记》和关于伊洛峡谷的论文。在 1839 年 1 月 29 日那天日记的开头，他写道："结婚和重返伦敦。"

1842

May 18th Went to Maer. June 15th to
Shrewsbury; & on 18th to Capel-Curig, Bangor
Carnarvon to Capel-Curig, altogether ten days,
examining glacier action. During my
stay at Maer & Shrewsbury, wrote pencil
sketch of my species theory. — July
18th returned to London
Wrote paper on Glaciers — Enquired
about Down. — Emma came to
Down. September 14th. & I followed
on 17th. — Mary Eleanor Sept
23d. born. — Ob. October 16th —
October 14th began on Volcanic
islands — to shorten & rearrange
Coringlow on S. —

1842. Sept. 14. came to
Down.

1846. Oct 1st Finished last proof
of my Geolog. Obser. on S. America
This volume, including Paper in
Geolog. Journal on the Falkland
Islands took me 18 0½ months:
the on S. however, was not so perfect
as in case of Volcanic Islands.
So that my Geology has taken me
4 & 1/2 years: now it is 10 years since
my return to England. How much time
lost & illness!
Oct 1st. Paper on new Balanus
November, December Coria &
Megatrema

1846

Feb 21st to Shrewsbury. March 3d. Home
July 31st to do Aug 9th. Home
September 9th to Brit Assoc: at Southampton, on
the 12th to Portsmouth & coast of Isle of Wight
on 13th to Winchester & S. bish. on 14th Netley
Abbey & Southampton Common. 17th Home
Sept. 22d. With Em & Susan to Knole Park

《小猎犬号之旅的动物学》

1837年年初，达尔文考虑申请政府的资助，将小猎犬号航行中关于动物学的发现形成一本专著来出版。

到1837年5月，达尔文的社会关系和学术声誉已为他赢得了一些杰出科学家的支持。同年8月16日，达尔文拜访了财政大臣，他告诉了达尔文一个好消息，即财政部专员已经为这本书拨款1000英镑。这笔钱的很大部分花在了这部作品所使用的昂贵而豪华的版画上。这本书就是《小猎犬号之旅的动物学》(1838—1843年)。

达尔文说服了五位杰出的专家为这些动物标本进行科学的分类、命名和描述。全书分为五个部分，其中一部分是《哺乳动物化石》，由解剖学教授理查德·欧文撰写。在这部作品中，达尔文所采集的南美洲长颈驼等巨兽化石均有命名和描述，达尔文还为此书添加了一节地理学导论。欧文发现这些标本不仅十分巨大，还都是食草动物，而且奇怪的是，它们与南美洲的一些现生物种十分相似。版画中主要骨骼的绘制非常精美，其中还包括一副实体大小的箭齿兽头骨。

动物学学会的会长乔治·罗伯特·沃特豪斯（George Robert Waterhouse）撰写了《哺乳类》部分。该部分描述了达尔文所采集的现生哺乳动物标本的"习性、活动范围和居住地"，达尔文也为这部分撰写了一节地理学导论。这部分包括35幅手绘的插图，有蝙蝠、狐狸、老鼠，还有一只

左图：手工上色的版画。这是一只来自巴西的细腰猫，该标本由一位牧师利用狗捕捉到送给达尔文。

左图：手工上色的版画。这是达尔文捕获的两种南美洲老鼠。

对页（上图）：手工上色的版画。这是以仙人掌为食的雀类，由约翰·古尔德绘制。

以菲茨罗伊命名的海豚。沃特豪斯发现，南美洲啮齿动物的磨牙与欧亚大陆啮齿动物的有所不同，故将其额外编目。达尔文注意到，巴西栉鼠这种掘穴动物经常会失明。达尔文补充道："很奇怪的是，似乎每种动物都有一个总易受到损伤的器官。"

鸟类学家约翰·古尔德（John Gould）负责撰写《鸟类》部分，其中包括50幅手绘的精美插图，由古尔德亲手绘制，并由他的妻子将其做成石板刻画。其中有6幅图是实物大小的尺寸。古尔德没有将达尔文在加拉帕戈斯群岛收集的雀鸟分为变种，而是分成13个独特的物种。在该部分完成前，古尔德前往澳大利亚进行了一次探险。达尔文在乔治·罗伯特·格雷（George Robert Gray）的帮助下完成了这部分的工作。乔治是大英博物馆动物学部的鸟类研究助理。

牧师兼博物学家伦纳德·杰宁斯负责撰写《鱼类》部分。达尔文的鱼类标本都保存在酒精里，故而已经褪色。达尔文在收集的时候就知道这点，所以根据帕特里克·赛姆（Patrick Syme）的《维尔纳色彩命名法》中的标准颜色名称做了记录，然而文中的29幅插图并没有着色。这是达尔文对鱼类部分仅有的贡献。

物种编目

在小猎犬号航行期间，达尔文收集了数千种标本，有化石、花卉、真菌、鸟类、蜥蜴、老鼠、蝴蝶、鱼类、扁形虫、藤壶、蝙蝠和青蛙等，还有鸟胃和啮齿类动物口中的寄生虫，几乎网罗了所有的现生物种。他还对其进行了检查、解剖、标本填充、挑选、记录，以及编目。然而，这些标本和达尔文的笔记只是私人收藏，只有当它们被记述和发表后才会为科学界所知。他的很多标本已被其他博物学家描述并发表成文。像达尔文这样游历广泛的博物学家的工作使19世纪三四十年代人类所知的物种数量比一个世纪以前多出很多倍。

上图：手工上色的版画。这是一只吸血蝙蝠，为达尔文在智利的科金博附近收集的标本。

牙科医生兼博物学家托马斯·贝尔（Tomas Bell）撰写了最后一部分《爬行类》，其中也包括两栖动物的内容。不幸的是，贝尔因为做事拖沓和健康状况不好推迟了撰写进度，使整部著作的完成也相应地推迟了几乎两年的时间。这部分的20幅插图由画家本杰明·沃特豪斯·霍金斯（Benjamin Waterhouse Hawkins）绘制。他也绘制了鱼类部分的插图，并且后来他制作的巨型恐龙复制品在1851年的万国工业博览会上得到展出。

《小猎犬号之旅的动物学》中所描绘的达尔文采集的标本被储藏在公共博物馆，其中很多现在仍然保留着。整部著作最初以19期带有纸质封面的期刊形式发表，最后它们还是结合到了一起，成为厚实的五卷书。这是达尔文的著作中插图最多的作品，共有166幅，其中包括82幅彩色的鸟类和哺乳动物的插图。然而，政府的拨款在达尔文能够写他自己的《海洋无脊椎动物》这卷之前就花光了。

三卷本的《小猎犬号之旅的地质学》和五卷本的《小猎犬号之旅的动物学》，以及很多科研论文和日志，是达尔文关于这次航行采集到的标本的主要成果。但也许他最喜欢的关于现生生物、海洋无脊椎动物的部分没有发表，给他带来不少遗憾。

官方博物学家

有人会说，达尔文不是小猎犬号的"官方"博物学家。从某种程度上来说这是对的，因为他不是一名皇家海军军官，但这却是一个令人误解的说法。英国海军大臣曾正式批准达尔文为小猎犬号的随航博物学家，除此之外，菲茨罗伊和其他人在航行中所写的信件和后来官方出版的《记事》中，总称他为随行的博物学家。而且，由英国财政部专员批准并资助的作品出版时，标题都和左图类似，上面写有"小猎犬号随行博物学家"的字样。

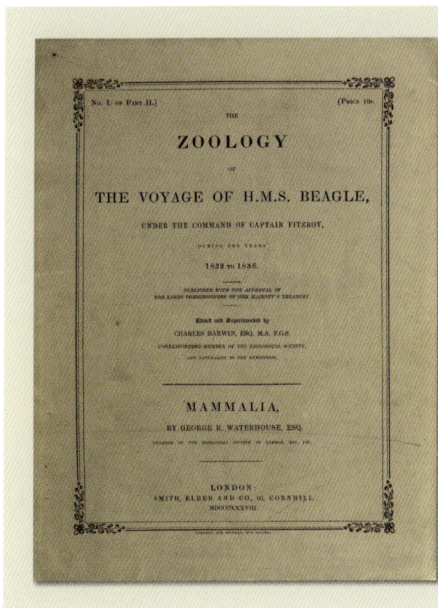

左图：第二部分《哺乳类》的原始封面，由乔治·罗伯特·沃特豪斯撰写，是达尔文的《小猎犬号之旅的动物学》中的一卷。

《小猎犬号之旅的地质学》

小猎犬号起航不久，在佛得角群岛上，达尔文就萌生了将到访岛屿的地质情况写成一本书的想法。返回英格兰后，他确实完成了《小猎犬号之旅的地质学》这部作品，共三卷，分别在1842至1846年间出版。

这部作品的首卷是达尔文关于珊瑚礁和环礁的形成理论。这些围绕着岛屿的令人好奇的环状物，还有更神秘的中间有潟湖的环状岛屿，对海员和地质学家来说一直都是个谜。一些地质学家，比如赖尔，认为它们生长于水下的火山口，但达尔文没法想象为什么这么多火山口都恰好位于适合珊瑚存活的较浅的深度。已经是一位海洋无脊椎生物专家的达尔文，应用了他关于下沉的地质学知识提出了一个聪明的理论：如果珊瑚围绕着一座岛屿生长，会形成很常见的裙礁。然而，如果经过很长一段时间缓慢的海床下沉，珊瑚就能继续向上生长。最后，这座岛屿就会整体消失，只留下一个环状的珊瑚环礁。

小猎犬号到达珊瑚环礁时，测量了那里海洋的深度，同时发现了死掉和断裂的珊瑚，证明珊瑚环礁会出现在很深的水域，但不可能是从海底生长出来的。达尔文查询了很多前人的工作，并整理出一张地图，展示了不同种类珊瑚的分布情况。这张地图说明世界上绝大部分地区的海床都在上升或者下沉中。他的理论立刻被大家广泛地接受了。

《火山岛》(*Volcanic Islands*) 是这部作品的第二卷，重点阐释了火山岛是如何形成的。一个早期普遍流行的理论认为，一些火山岛仿佛有陡峭边缘的环状火山口，因为它们像水泡一样越来越大，顶部向内塌陷，从而形成火山口。达尔文认为，岩

对页：德塞阿多港的峡谷，由康拉德·马滕斯在1833年12月28日绘于其素描本中。

右图：通往蒙得维的亚之路，由小猎犬号上的康拉德·马滕斯所绘，发表于《记事》(1839年第一卷)。

石证据表明，一般来说，火山的形成是由岩浆从其中心反复喷发而形成的，这一过程使喷发口周围逐渐积累为火山岩。

达尔文相信，一般来说，火山地区都是地壳正在上升的区域。与之相比，有珊瑚环礁和堡礁出现的区域则存在下沉现象。这些广阔地区内的地质运动直到20世纪60年代板块构造学出现后才得到了科学的解释。

在这部作品的第三卷《南美洲的地质学观察》（*Geological Observations on South America*）中，达尔文指出，南美洲的部分地区发生过地质时代非常晚近的地壳抬升。大地震在地壳抬升过程中使地壳造成了永久性的改变，而这一过程仍在继续。他在其他地方还观察到，雨水会渗透岩石表面，摧毁贝壳和钙质生物的痕迹，这使他得出结论，化石在漫长的时间里要遭受诸多难以置信的危险，以至于它只能成为过去的生命的碎片。

达尔文对广阔的潘帕斯平原的描述中有很多关于哺乳动物化石的惊人发现，包括箭齿兽、大地懒、长颈驼、柱牙象、伏地懒、巨爪地懒、磨齿兽和雕齿兽等。一

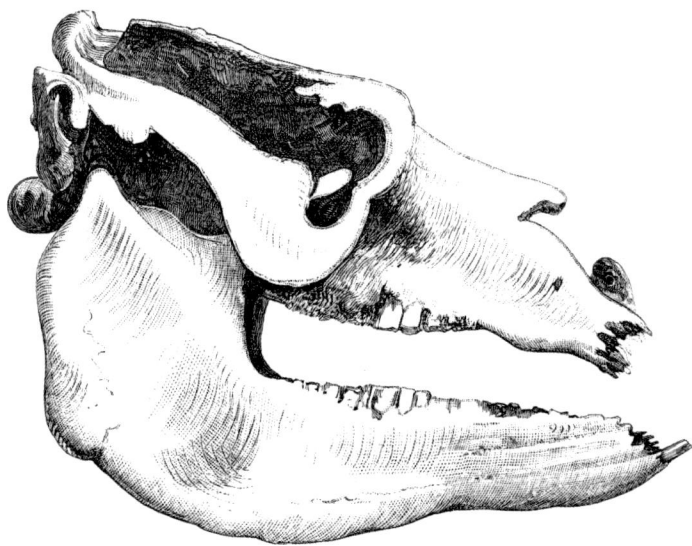

左图：《研究日志》（1890年插图版）中的箭齿兽头骨版画。

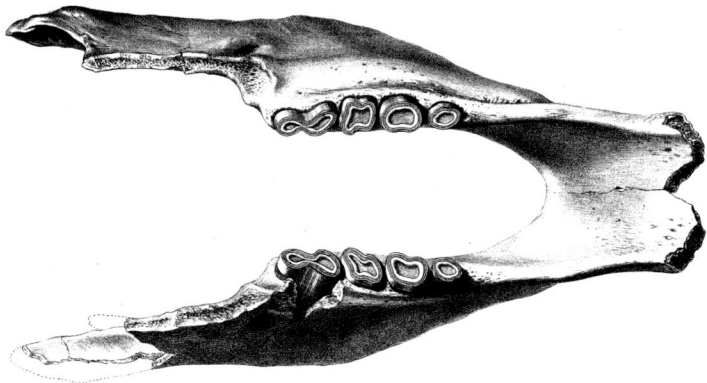

下图：大地懒的下颌骨版画。该标本是在巴塔哥尼亚北部的布兰卡港找到的。

耗时的工作

达尔文后来在自传中提到了他的《小猎犬号之旅的地质学》(共三卷):"1844年年初,我在小猎犬号的航行中对火山岛的观察研究得以发表……1846年,我的《南美洲的地质学观察》出版。我在一本一直用着的小日记本中记录着,我坚持不懈地工作,花了四年半时间才完成这三卷著作,现在是我返回英格兰后的第十个年头了,我到底因为生病浪费了多长时间啊?!"

下图:达尔文绘制的水彩画,展现了珊瑚环礁的形成过程。

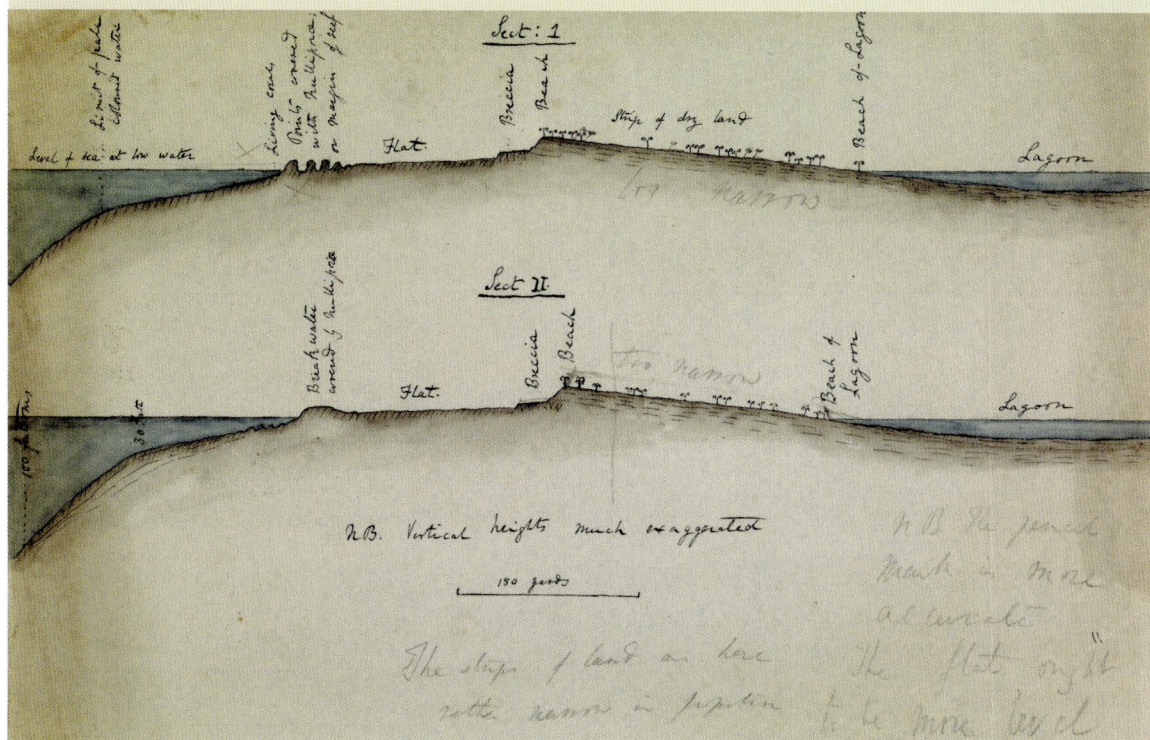

颗在老岩床中发现的马牙证明,在16世纪西班牙人将马再次引进南美洲前,这片土地上曾有马类生存过又灭绝了。

在此之前有些地质学家认为,这个世界有一个统一的形成过程,即所有地方的地质年龄都相同,且有一样的化石。这一观点遭到了达尔文的反驳。他发现,在每段重要的地质年代,动植物都有各自多样化的地理分布,就像如今的世界一样。

从珊瑚礁的形成理论和安第斯山脉的抬升中,我们可以看出达尔文是如何从看似微小且平淡无奇的现象中搜寻原因,来解开重大自然之谜的,而这些原因如果在一个非常大的时间跨度里重复的话,会产生巨大的改变。

达尔文一家

1842年9月，达尔文一家搬到了"唐屋（Down House）"，位于肯特郡一个宁静的叫作道恩（Down，现名为Downe）的小村庄，距离伦敦市中心约25千米。

达尔文一直想搬到一座宁静的乡村别墅。他将和不断增添的家人及几个仆人在唐屋一起生活和工作，度过他的余生。唐屋附近的乡村野外成为他的科研环境的一部分。

达尔文有着非常规律的作息。他早上起得很早，七点钟的时候会出去散步。他大概在早上7:45吃早饭，然后在书房里工作到9:30，这是他一天中效率最高的时间。达尔文给书房的椅子安装了带脚轮的黄铜腿，这样他就可以从一张书桌滑到另一张书桌了，他还将一块板子放在椅子的扶手上用于写字。上午9:30，他会在客厅拆阅信件，然后躺在沙发上听别人给他念东西。他大概10:30回到书房工作到12:15。然后他会带着狗一起去散步，到温室时会停下来看看他的试验进行得怎么样了，并前往"沙之路"，这是离他家不太远的一块狭窄的林地里的一条石子路。接下来就是午饭时间了。吃完午饭，他会躺在沙发上看报纸，然后写信。大概下午3点钟的时候，他会在沙发上听妻子或女儿给他读小说。下午4点钟的时候，他会先去散个步再喝杯咖啡，然后接着工作到下午5:30。晚饭在7:30开始，晚饭后他会和妻子艾玛一起玩两局西洋双陆棋。达尔文在晚上10:30就寝前，会独自读一会儿科研书籍。

他是一位慈爱的父亲，会在笔记本上把孩子们第一次说话的情形，以及其他行为习惯都记录下来。他还会把花的每分钱都很有条理地记在账本上。

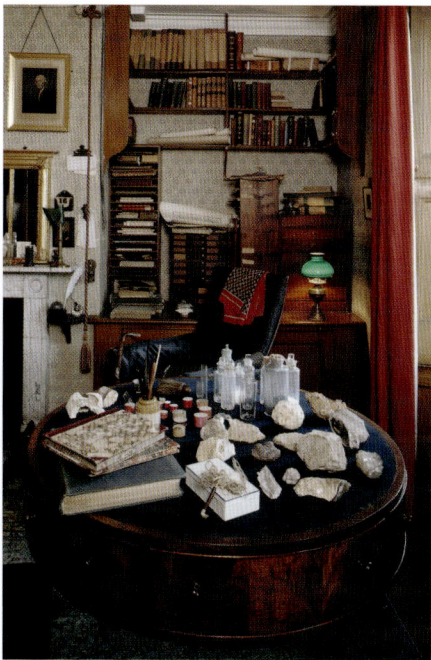

左图：唐屋。

上图：如今唐屋旧书房的样子。1929年，达尔文的几个孩子仍在世的时候，这个书房曾进行了修缮。

达尔文的病

　　达尔文婚后的生活大多在疾病缠身中度过。我们可能永远无法知道他究竟得了什么病，但具体的影响却是有明确记录的。他无法进行太多的谈话，因为兴奋会让他过后出现呕吐和其他症状。19世纪40年代末，他开始接受水疗，这是维多利亚时期的一种替代疗法。他会去水疗院，并且为了洗冰水澡，还在家里建了一个户外淋浴。他起初觉得水疗就是庸医出的馊主意，但后来渐渐相信这对于缓解他的症状是有效的。

右图：达尔文和儿子威廉于1842年3月23日拍的照片（银版照相法拍摄）。这是现在唯一一张已知的达尔文与家人的合照。

　　大概1849年的时候，达尔文不再去教堂了，不过艾玛和孩子们还是会去。1851年，他最爱的女儿安妮·伊丽莎白（Anne Elizabeth）在一场消耗性的大病以后不幸去世。达尔文悲痛万分，但并没有任何证据表明是她的死使达尔文不再信仰基督教，因为他对信仰的削弱自1836年从小猎犬号航行回来后就开始了。然而，女儿安妮的离世始终是达尔文一生中最痛苦的事。

左图：艾玛·达尔文在唐屋客厅中的布罗德伍德牌三角式钢琴（1839年）。艾玛是一位很有天赋的钢琴家，曾经跟随肖邦学习钢琴。

对页（左下）：艾玛·达尔文和儿子伦纳德（Leonard）的合影，约摄于1853年。

对页（右下）：唐屋的一条花园小路，达尔文散步时会穿过这里。

上图：主要为达尔文的家人，摄于唐屋（约1863年）。从左至右依次为：伦纳德、埃蒂、霍勒斯、艾玛、贝西、弗兰克和一位朋友。

达尔文的孩子们

达尔文和妻子艾玛有十个孩子。前两个出生于伦敦，其余的孩子都出生在道恩村。

威廉·伊拉斯谟（William Erasmus, 1839—1914年）在剑桥大学的基督学院接受教育，后在南安普顿成为一名银行家。

安妮·伊丽莎白（Anne Elizabeth, 1841—1851年）达尔文最爱的女儿，年仅十岁就去世了。

玛丽·埃莉诺（Mary Eleanor, 1842年）仅活了24天就夭折了，艾玛觉得她长得很像自己的母亲伊丽莎白·韦奇伍德。

亨利埃塔·艾玛（Henrietta Emma），昵称"埃蒂"（Etty）（1843—1927年）于1904年写了她母亲的一生并整理了母亲的信件，于1915年出版。

乔治·霍华德（George Howard, 1845—1912年）在剑桥大学的圣约翰学院接受教育，后成为天文学家和数学家。

伊丽莎白，昵称"贝西"（Bessy, 1847—1926年）终身未婚，对她所知甚少。

弗朗西斯（Francis），昵称"弗兰克"（Frank, 1848—1925年）就读于剑桥大学三一学院，后成为一名植物学家，并撰写了《达尔文的生平与信件》（1887年）。

伦纳德（1850—1943年）1871年加入英国皇家陆军工兵部队，并在皇家军事工程学校任教。

霍勒斯（Horace, 1851—1928年）一名工程师，于1885年建立了剑桥科学仪器公司。

查尔斯·韦林（Charles Waring, 1856—1858年）死于猩红热，就在达尔文与华莱士的论文将在林奈学会宣读前夕。

第 102 ～ 103 页：达尔文从 1838 年 5 月 10 日到 12 月 31 日期间的几页日记。7 月 29 日的日记记录了他去迈尔与家人团聚，此行与父亲讨论了婚姻的问题。

1838 & reached Shrewsbury July 13th
July 29th Set off for Maer
August 1st London. Began paper
 on Glen Roy & finished it
September 6th Finished paper on Glen
 Roy — one of the most difficult
 & instructive tasks I was ever
 employed on
Sept 14th Frittered these days away in working
 on Transmutation theories & comparing the
 Began outline of Speciation theory
Octob 5th Began Coral Paper. requires
 much reading
 25 Went to Windsor for two days's
 list — glorious weather. — delightful

Very idle at Shrewsbury. some notes
from my Father. — opened book connected
with Metaphysical Enquiries

August. Read a good deal of
various amusing books, & paid
some attention to Metaphysical subjects.
All September read a good deal
on many subjects; thought much upon
religion. — Beginning of October do.

1838
Octob 27th Preface & Addenda on Theory
 of Erratic Blocks to Journal
November 9th Started for Maer.
 — 11th Sunday. The day of days!
Went to Shrewsbury next day —
returned to Maer on the 17th.
& to London on the 20th. —
December 6th Emma came up to
 Town: — most fortunately for me.
December 21st Emma went to Maer
December 31st Entered 12 Upper
 Gower St. —

Last 26, 27, 8th of November unwell
Wasted entirely the last week
of November. — Beginning of December
prepared number of Birds. From 6th
to 21st busy about House &
domestic concerns. — To the
end of year: House hunting, &
read a little, & wrote
sometimes; & very unwell. —

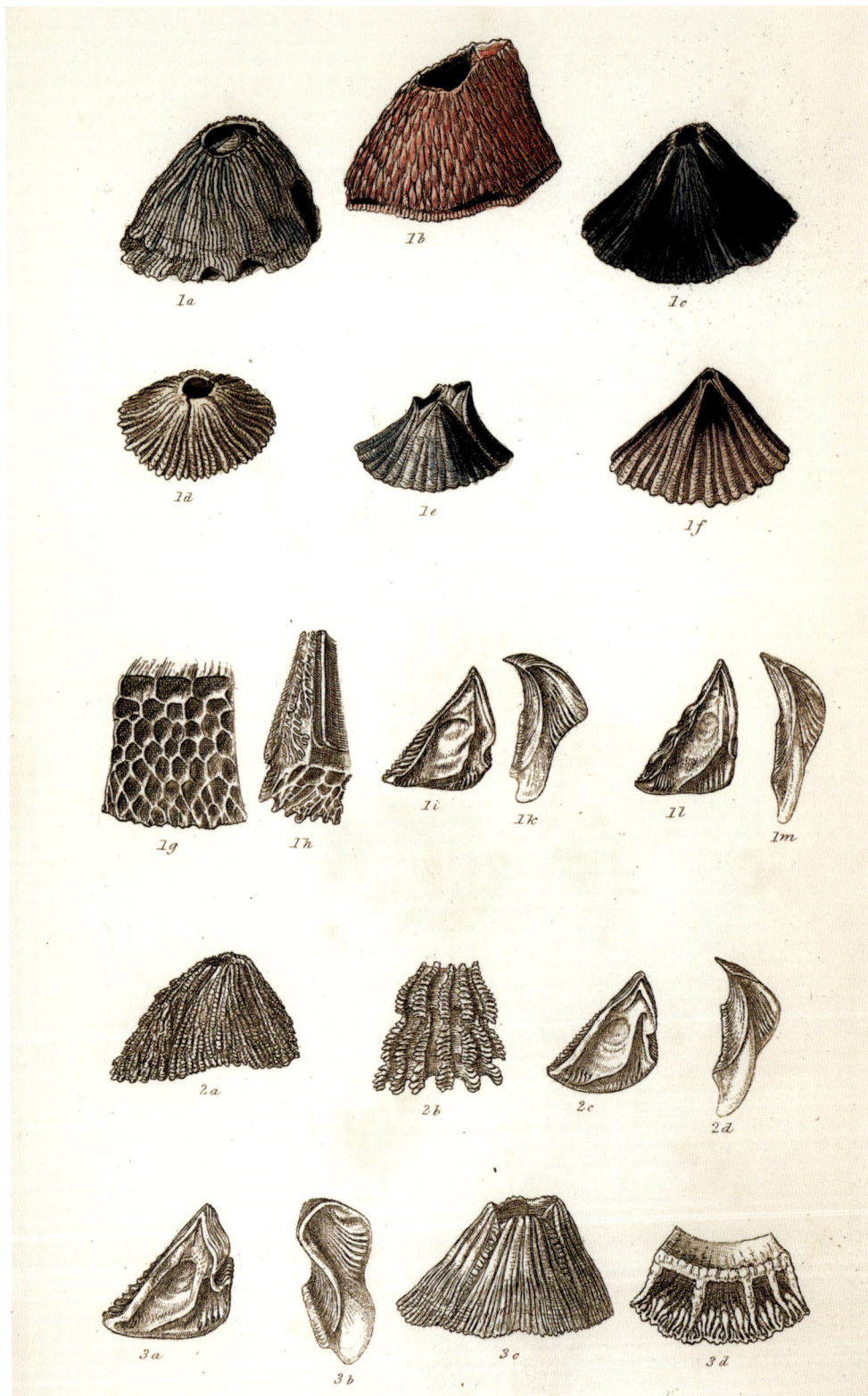

藤　　壶

在 1846 年年末，达尔文基本完成了长达十年的项目，将他在小猎犬号航行期间的经历、理论和采集的标本撰文发表，只剩一些海洋无脊椎动物了。

由于政府给《小猎犬号之旅的动物学》的拨款用完了，于是达尔文给这部作品写最后一卷的计划就搁置了。但是，达尔文计划用几年的时间写一些科研论文来描述他的最后一批标本，即海洋无脊椎动物标本，之后他就可以把全部的时间花在物种理论上了。首先，他写了一些关于扁形虫和箭虫的文章。他在南美洲西海岸的乔诺斯群岛采集了一种奇怪的海洋无脊椎动物标本。这是一种很微小的寄生藤壶，又称蔓足类动物，它们会钻进软体动物的贝壳里。这种藤壶十分与众不同，达尔文为了给它恰当地分类而不得不命名了一个

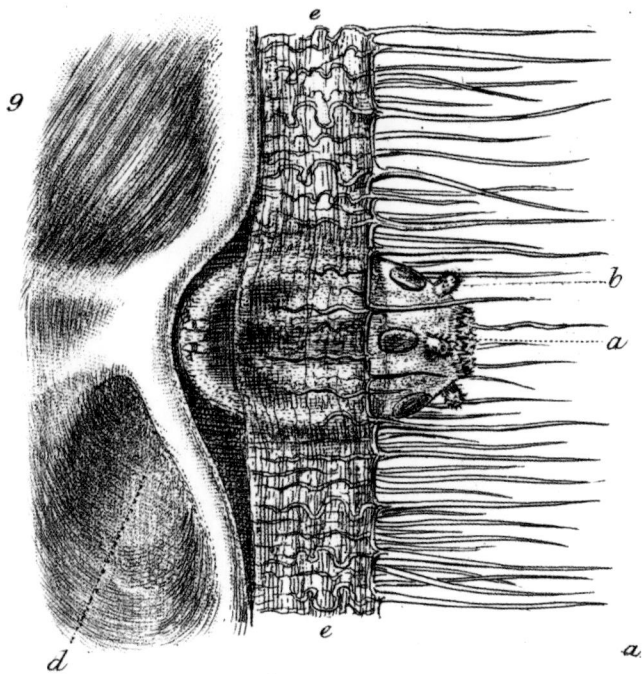

新的亚目。不久后，他有了许多令人兴奋的发现，包括可能从雌雄同体的祖先中洞察到有性生殖的起源。为了弄清楚这种藤壶在它广阔的生物群中所在的位置，达尔文在显微镜下观察了一些其他属（同科类生物）。很快，他的同行也鼓励他将所有已知的现生藤壶和化石藤壶加以整理并描述。达尔文觉得这可能会把他的物种研究推迟几年，但他对新发现如此着迷，况且在专注于写书十年后，再次做起动手的工作也是件令人愉悦的事。他这时的健康状况已经不再如他年轻时那样好了，所以科考探险对他来说只能是过去的事了。

不幸的是，关于藤壶的研究拖了又拖。有很多人认为，达尔文在藤壶上花了这么长时间，是为了回避进化论的发表，或者因为他觉得自己的能力与专业声誉需要进一步增强。然而，没有证据表明这些观点是正确的，从保存下来的大量笔记和信件来看，达尔文起初真的对藤壶研究有发自内心的兴趣和热情。事实其实很简单，正如很多科学家和研究者都曾经历过的，有时一个大项目花费的时间会比预期长很多。在唐屋长大的孩子们从有记忆以来就知道他们的父亲在研究藤壶了。

随着最初发现藤壶时的那种兴奋感逐渐减弱，达尔文最终对藤壶失去了热情。最后，他曾经"情有独钟"的藤壶变成了令他"厌烦"的藤壶。就像后来他给一位

朋友写信时提到的："再没有人比我更讨厌藤壶了，甚至一个身处航速缓慢的船只上的海员，心情都不会比我差。"达尔文的健康状况常常不容乐观，根据他自己的估算，在生病期间，他足足浪费了一到两年的时间。把事情做完的天性意味着一个人不能半途而废，达尔文坚持并做到了这点。最后，他关于藤壶的工作总共花了八年才完成。最终，他的工作得到了博物学家们的高度赞扬。1853年，伦敦皇家学会授予达尔文科普利奖这项殊荣。

1854年9月9日，达尔文整理并归还了最后一批借来的藤壶标本。值得注意的是，那天恰好就是他"开始为物种理论整理笔记"的同一天。

对页（左图）：手工上色的版画，展示了藤壶属的标本，由乔治·索尔比绘制。

对页（下图居左）：该图展示了茗荷的眼部神经和眼睛。

对页（下图居右）：达尔文为藤壶外壳的各个部分拟定了一套标准化名称，如该木版画所示。

给藤壶分类

直到19世纪30年代，人们才认识到藤壶是一种滤食性的甲壳类动物，而不是如蛤蜊一般的软体动物。达尔文讨论了两大类型的藤壶：一类是无柄藤壶（用底部而非柄附着），常附着于岩石上；另一类是茗荷科，又称鹅颈藤壶，常附着于漂浮物上。因为藤壶与两种不同的甲壳纲动物具有共同特征，于是达尔文将其单独列为一个甲壳纲亚类。达尔文关于藤壶的一部分研究很好地支持了他后来的物种理论，例如一个物种内部个体间存在巨大的多变性，相关有机组织中具有同质的部分，无用的器官会退化，以及同类器官在功能上存在变异等。

下图：鹅颈藤壶，常附着于漂浮物上。

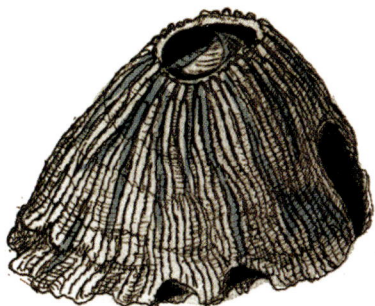

1a

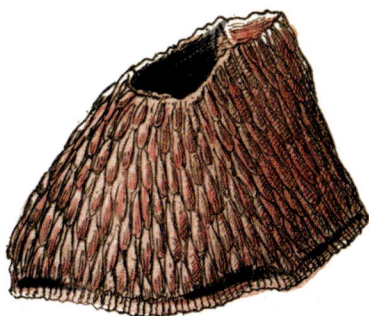

1b

1c

1d

达尔文对藤壶的长期研究

达尔文在自传中写道："……除了对一些新奇的形式进行描述，我弄清楚了不同部分的同源性。我发现了它们的黏着固化器官，尽管我在胶腺问题方面曾犯过致命错误。最后我得以证实，有微小的雄性属会寄生在与之有互配力的雌雄同体上……蔓足类的存在形式高度多变，形成了难以分类的物种群体。当我在《物种起源》中对自然界的分类标准做出探讨时，我发现研究藤壶这项工作派上了很大用场。"（《达尔文自传》，1958年，第118页）

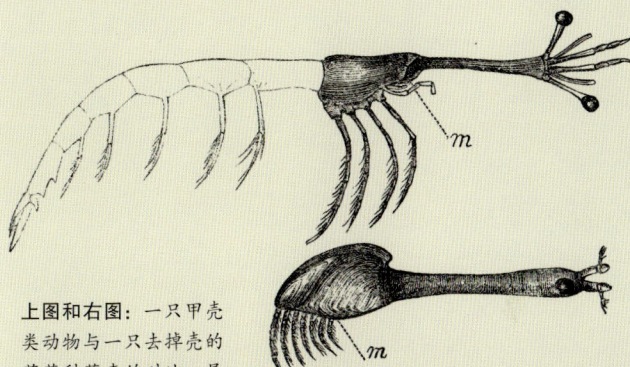

上图和右图：一只甲壳类动物与一只去掉壳的茗荷科藤壶的对比，展现了它们的相似性。

[m.—Mouth.]

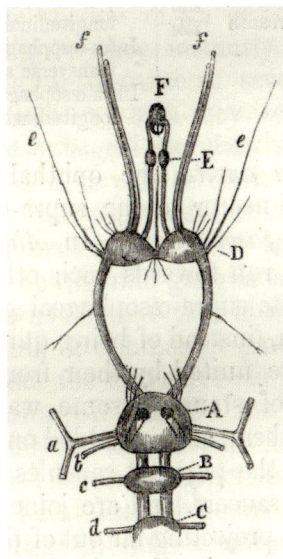

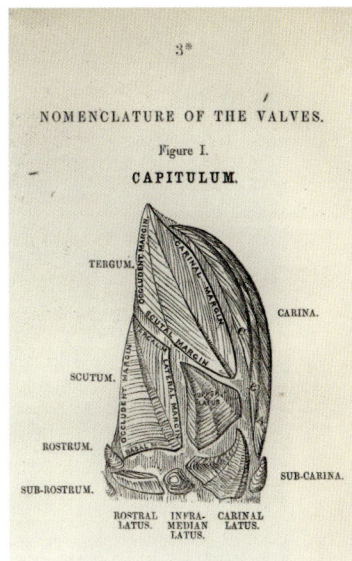
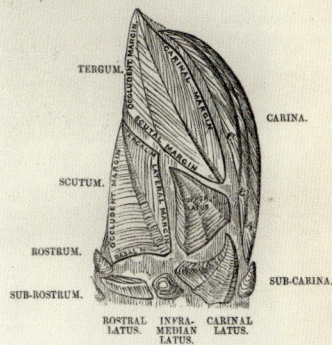

3*

NOMENCLATURE OF THE VALVES.

Figure I.

CAPITULUM.

TERGUM. CARINA. SCUTUM. ROSTRUM. SUB-ROSTRUM. SUB-CARINA.

ROSTRAL LATUS. INFRA-MEDIAN LATUS. CARINAL LATUS.

完成“拼图”

达尔文结束航行返回英格兰后，埋头于研究标本、撰写书籍，以及与科学家们热烈的对谈中，解开了一个个复杂的谜题。

解剖学家理查德·欧文证实了达尔文关于南美洲化石骨骼的猜测——它们属于同一种生物，诸如犰狳和树懒，它们都是南美洲独一无二的生物。鸟类学家约翰·古尔德告诉达尔文，他在加拉帕戈斯群岛收集的蜡嘴雀、雀鸟和鹩鹩其实都属于雀科，而且很多都是岛上特有的。达尔文那时发现的不同于其他岛上的嘲鸫则属于另一个独立品种，南美洲的美洲鸵也是同理。

达尔文的猜测历经了很多次停滞、重新开始和碰到死胡同。事实是，世界上跟加拉帕戈斯群岛上的物种最接近的是南美洲大陆东部近1000千米的地方。这从其他任何角度都解释不通，因为加拉帕戈斯群岛的基本条件，比如气候和温度，都和南美洲不一样。所有这些证据汇聚起来得出的整体结论就是，物种必须是可变的。

查尔斯·赖尔认为，存在于化石记录中的物种，如因环境的改变而不再适宜生存在这个地球上，它们就会自然灭绝；被创造出的新物种从某种方式上更适合新环境，而且它们会从一个造物中心向外迁

对页：理查德·欧文（皇家外科医学院比较解剖学教授）的油画肖像，由亨利·威廉·皮克斯吉尔（Henry William Pickersgill）所绘。欧文手里拿着一支已经灭绝了的恐鸟的腿骨。别人给他画肖像画时，他都尽可能身着长袍。

右图：一只安置好了的成年小美洲鸵（又名达尔文三趾鸵）的标本。

一个理论的诞生

正如达尔文在自传中写道："1838年10月（译者注：实际从9月28日开始），即从我开始系统调查的15个月之后，我在闲暇时偶然读到了托马斯·马尔萨斯（Thomas Malthus）的《人口论》（*Essay on the Principle of Population*），并且我已从对动植物习性长期持续的观察中欣赏这随处可见的生存斗争做好了充足的准备。我立刻想到，那些有利的变化倾向于被保留下来，而不利的则会被毁灭，其结果就是形成新的物种。就这一点而言，我终于得到了一个可以应用的理论。"

上图：政治经济学家托马斯·马尔萨斯的肖像画。他所强调的不可避免的高人口增长率给了达尔文以启发。

徒。但达尔文当时认为，如果他做成标本的雀类总是成群结队地一起捕食，那么在同样的环境下是如何孕育出不同品种的呢？

他从最基础的繁殖着手，思考着有机体为什么会繁殖，它们的寿命又为什么如此短暂而不能永生。他想到了两种繁殖方式：一种是分裂或芽殖，这会产生相同的复制品；一种是有性繁殖，会产生不同的且发生了改变的后代。

既然世界会随着时间的推移发生巨变，繁衍出更多不同的后代会让它们"适应变化的世界，并且为了适应而改变种族"。如果某物种是更早物种的后裔，那么同一个属内的不同物种就由一个共同的血统联系起来。达尔文画了一个小的树形图来说明物种如何通过谱系联系起来。

直到1838年9月28日，达尔文才开始阅读托马斯·马尔萨斯的《人口论》（1826年）。马尔萨斯认为，除非通过某种方式进行控制，否则人口增长总会超出食物的生产速度。根据他的理论，人口应该呈几何级增长。例如，两个父母可能有四个孩子，每个孩子可能再有四个孩子，他们的每个孩子可能再有四个孩子，以此类推。

这个论述的焦点立刻启发了达尔文。他意识到，很大一部分生物总是在能够繁殖之前被毁灭。这肯定是对的，否则每种生物繁殖的数量都应该足以覆盖地球了。实际上，生物的数量却能年复一年地保持基本稳定。唯一的解释是，绝大多数后代（无论靠花粉、种子，还是卵来繁殖）活不到繁殖的那一天。

达尔文此时已经把精力集中在研究新物种是如何形成的这一问题上。他忽然意识到，问题的关键是那些存活到得以繁殖的生物和那些不能的生物之间有什么区别。后来他将这一系列可以不断增加的原因称作"自然选择"，因为这就类似于培育者选择哪个个体进行培育，并久而久之显著地改变了这一品种。

达尔文想象着，这广袤宇宙中的所有生物都以惊人的速度繁殖着，而几乎一切又都被无情地摧毁、吞食、饿死，或最终不复存在。爆炸式向外扩张的生殖力被互食的大屠杀和死亡所抑制。这两个相反的过程就像自然界永不止息的战争。那些拥有"正确能力"的幸存者会将它们的特性传递给后代。历经时间的洗礼，这个结果将会改变物种，并且最重要的是，改变它们适应特定环境的方式。

每种生物的每个部分都不同。变种会自然而然地不断出现。如果发生了某种情况，也就是说当这些变化中的某一点凑巧能够对其主体有利时，那么这个变种将通过大自然的遴选过程得以繁衍下去。在这一简单而自然的行为中，每一个改变，从雕齿兽未知的祖先到现代的犰狳，都会无一例外地受到影响。

在悄无声息中，坐在伦敦的自家书房里被各种标本盒子围绕的达尔文，用笔尖沙沙地在他手中的纸上写着。他史无前例地抓住了将所有生物相连的规律，这将永远地改变这个世界。

下图：达尔文在布兰卡港捕获的一只小犰狳。

THE PICHI ARMADILLO,
DASYPUS MINUTUS.
Buenos Aires. *Zaedyus pichiy*
Presented by Charles Darwin, Esq., 1855.

进化论的延迟发表

很多年来人们一直认为，达尔文将其理论秘而不宣是因为他害怕同行会怎么想。人们据此引用最多的是达尔文的一封信。他在信中写道："物种不是（这仿佛在承认杀人一样）永恒不变的。"这其实是典型的达尔文式幽默。他有一次写信给一个朋友说："当我看到你那一大堆的观察工作时，我觉得我像个贼、纵火犯或谋杀犯。"事实上，达尔文在很多朋友和同行面前都讨论过进化论。并不是恐惧推迟了这一理论的发表，而是因为他要完成更早的研究项目及不断扩展的藤壶研究，还有其他要花上数年时间才能完成的大量研究项目，这些林林总总的事情混到一起，便耽搁了进化论的发表。

右图：达尔文于1855年3月27日写给他的堂兄福克斯的信。他在信中提到了关于物种研究的新项目。

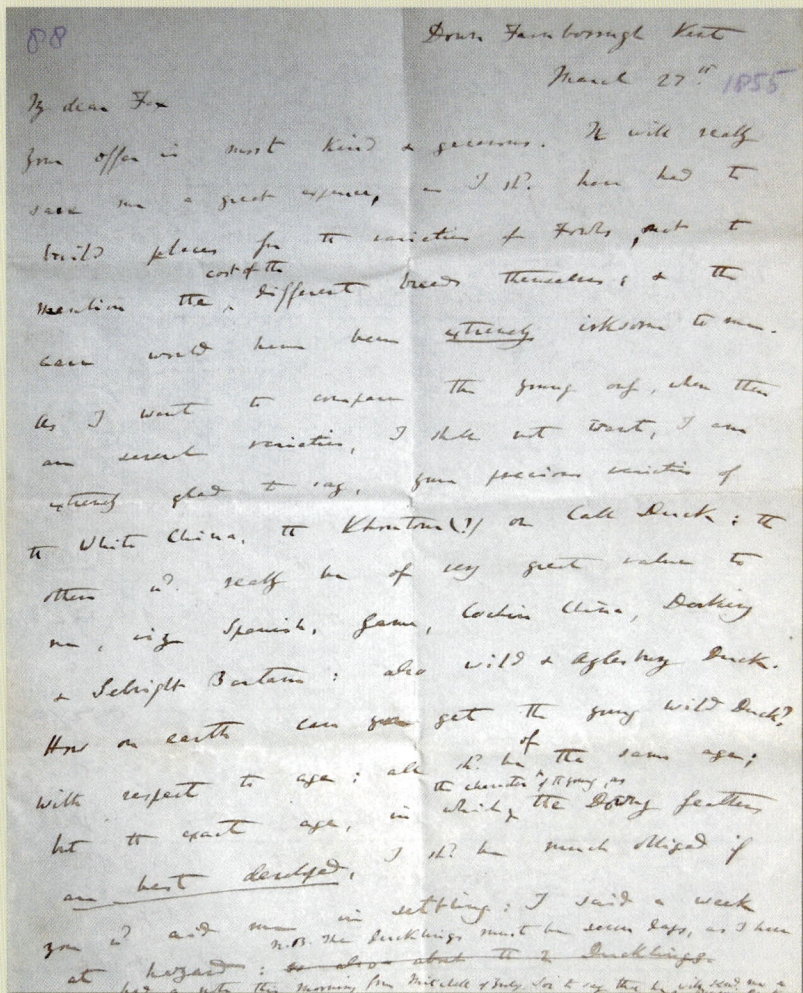

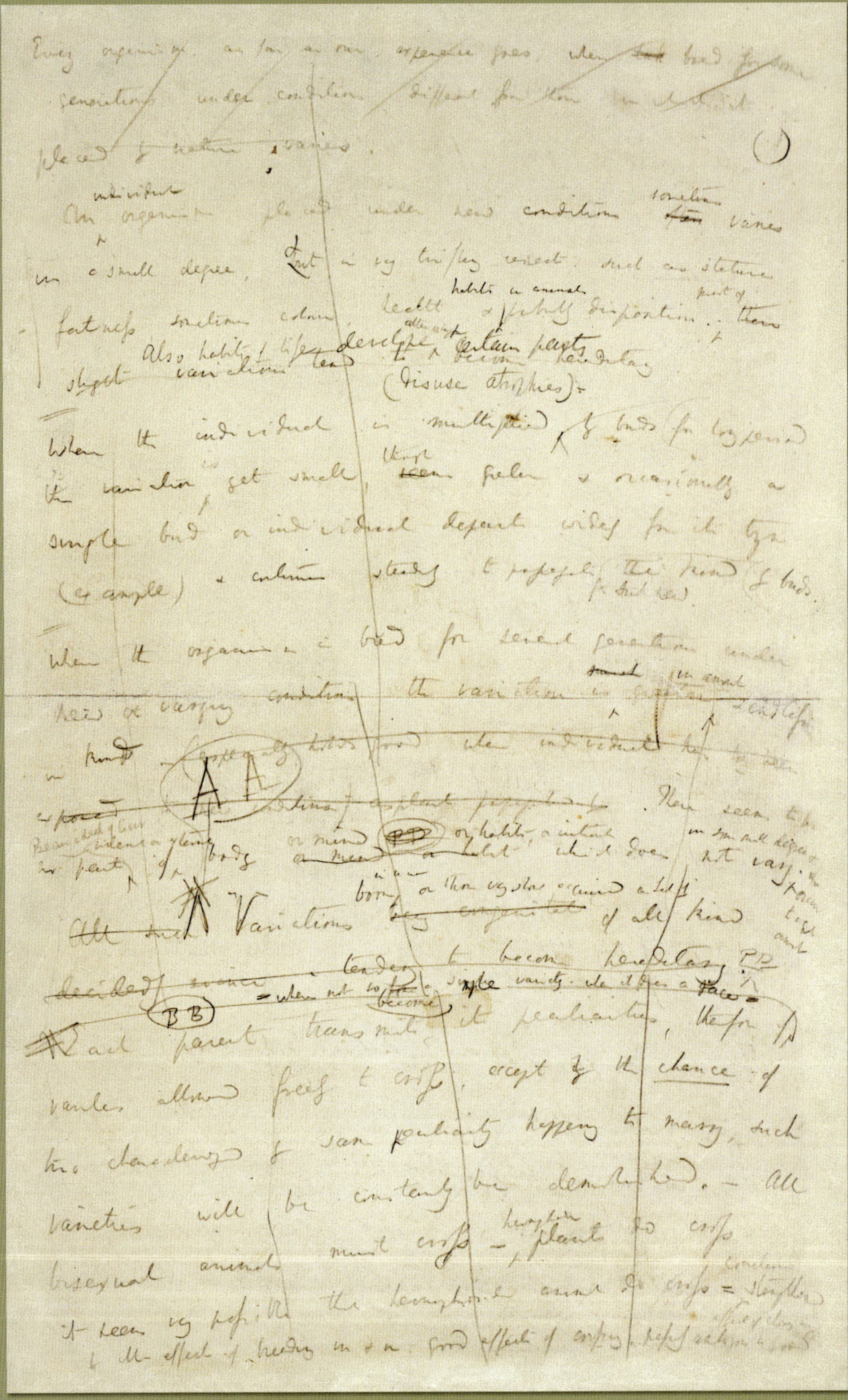

对页：达尔文关于物种理论的初版草稿的摘录。正如他回忆道："1842 年 6 月，我第一次得偿所愿，用铅笔为我的理论写了一份 35 页的简短摘要。"

下图：达尔文的笔记本 B（1837 年）中的草稿，示意不同的物种起源于一个共同的祖先。其中，末尾没有短横线的分支代表已经灭绝的物种。

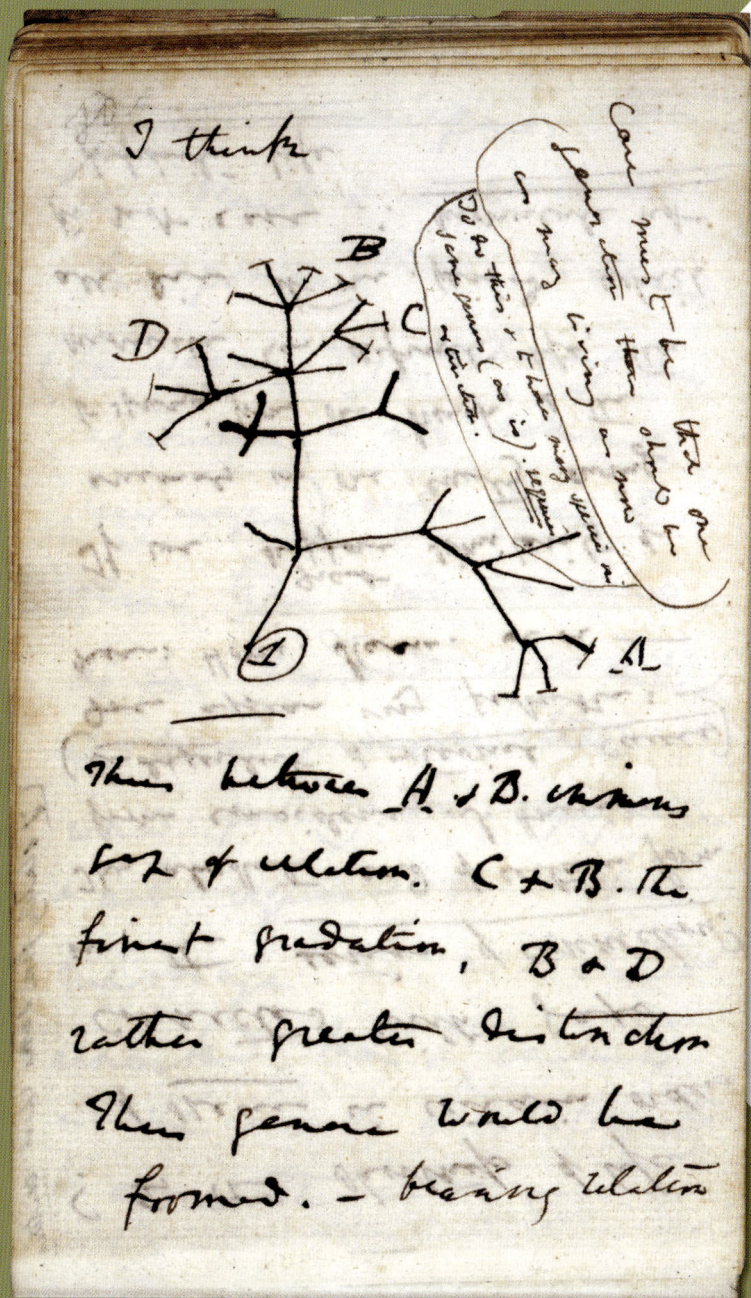

物种起源

达尔文用了几乎两年的时间从宏观视野上研究他的物种理论。1856年5月，查尔斯·赖尔提醒他，其他博物学家也快提出和他一样的观点了，并建议他提炼材料，尽快出本著作。

达尔文采纳了赖尔的建议，自1856年年中时，他就开始稳定地一章接着一章地推进他的写作了。其中的章节包括地理分布、自然的多样性、生存斗争、自然选择、杂交、分化和天性等。他工作得非常勤奋，尽管经常被糟糕的健康状况打断——从小猎犬号航行回来后，疾病就愈加剧烈地折磨着他。

到1858年的夏天，达尔文关于这部著作的主要内容大约完成了一半，他打算将其命名为"自然选择"。然而，在一个至关重要的早晨，英国博物学家、收藏家阿尔弗雷德·拉塞尔·华莱士从印度尼西亚寄来了一个包裹。达尔文震惊地看到了包裹中华莱士的文章。华莱士提出的关于物种起源的理论与他自己的竟极其相似。达尔文害怕自己的先机会丢失，但仍然无私地按照华莱士的请求将这篇文章转给了赖尔。赖尔不想看到他们的朋友错失了实际二十年前就已拥有的先机，于是与约瑟夫·道尔顿·胡克（Joseph Dalton Hooker）商议，将华莱士和

达尔文的文章一并于1858年7月在伦敦林奈学会的会议上宣读。后来文章被印成铅字，这是有史以来关于自然选择与进化论的第一篇出版物。然而令人惊讶的是，这篇文章起初并没有引起很大反响。

有人力劝达尔文把他那部未完成的巨作总结一下发表出来。于是，达尔文在接下来的13个月都在起草这本书。这就是后来的《物种起源》（On the Origin of Species by Means of Natural Selection）。根据他在信件中提到此书时的谦逊和温和，人们绝无法相信这本书会永远地改变世界，它对我们理解地球上生物的存在方式具有举足轻重的作用。通过这本书，达尔文设法阐释了地球上过去和现生生物的基础模式，一下子将所有的"科""属"和"种"在一个美丽而简单的系统中联结起来。所有的生命都系统地通过一棵枝桠众多的大树联系了起来。达尔文称其为"通过自然选择以修正血统的理论"。

这部著作除序言和结语共有14章。达尔文先介绍了他如何对物种的稳定性产生

了怀疑，以及花了多久的时间研究这个问题。不同物种之间的相似度、同属生物胚胎发育期的相似性、地理分布，以及化石形成的不断演进和连续性，这些最基本的事实确实能够让一名博物学家相信物种是变化的，但这仍然不够完整。人们需要一个理论来解释它们如何变化，而且最重要的是，它们如何变得如此完美地适应了所在的环境，以及它们之间极其复杂的相互关系。达尔文的自然选择理论解释了这种适应是如何发生的，历经了几代，以及那些被大众普遍接受却常常被忽略的现生生物的特性。

这本书讲的是所有物种是如何起源的，而非任何一个特定物种是如何起源的，而且他明确指出人类是自然的一部分："人类的起源和历史终将得以阐明。"

达尔文认为："《物种起源》毫无疑问是我一生中的主要工作。"第一版图书在向书籍经销商（而非公众）开放销售的第一天就被抢购一空了。

观察物种的变化

"从1854年9月开始，我将所有的时间都倾注在研究物种变化的工作上，我整理了大量笔记，进行了大量观察和实验。在小猎犬号航行期间，我曾被很多现象所震撼：第一，在南美草原发现的被鳞甲所覆盖的巨型动物化石与现存的犰狳非常相似；第二，在这片大陆上往南行走的过程中，一种动物会被另一种相似的动物取代；第三，加拉帕戈斯群岛上绝大多数的生物都具有南美洲的特点，每个岛屿上的种群还会有微妙的差别，且这些群岛中没有哪个看起来在地质学上十分古老。很明显，这些事实及其他许多现象都可以用于解释物种渐变的假设。所有这些一直在我的脑海中挥之不去。"
（《达尔文自传》，1958年，第118～119页）

下图：展示了物种从祖先种到子代种的分支。这是《物种起源》中唯一的插图。

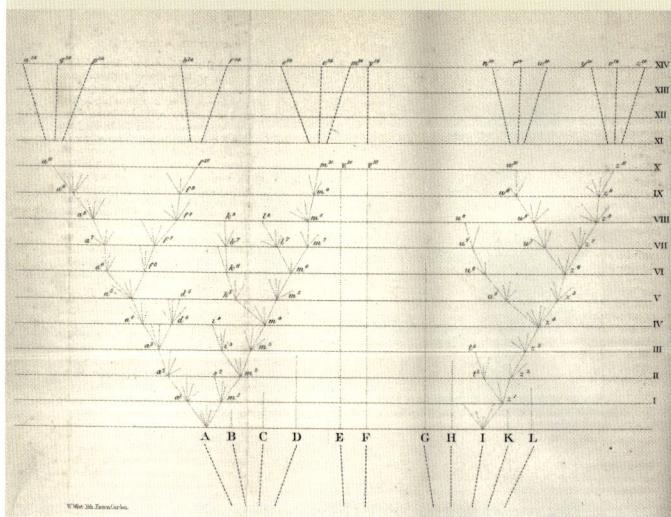

无穷是最美的形式

"……所有生物在其化学组成、生殖细胞（卵子和精子）、细胞结构、生长和繁殖规律方面有着很多共同点……生命及其蕴含之力能，最初由造物主注入寥寥几个或单个类型之中；当这一行星按照固定的引力法则持续运行之时，无数最美丽与最奇异的类型，即是从如此简单的开端演化而来，并依然在演化之中；生命如是之观，何等壮丽恢宏！"（达尔文，《物种起源》，1859年，第484页）

下图：《物种起源》（1859年第一版）的扉页。正如达尔文在自传中回忆道，这部著作是"我一生中的主要工作"。

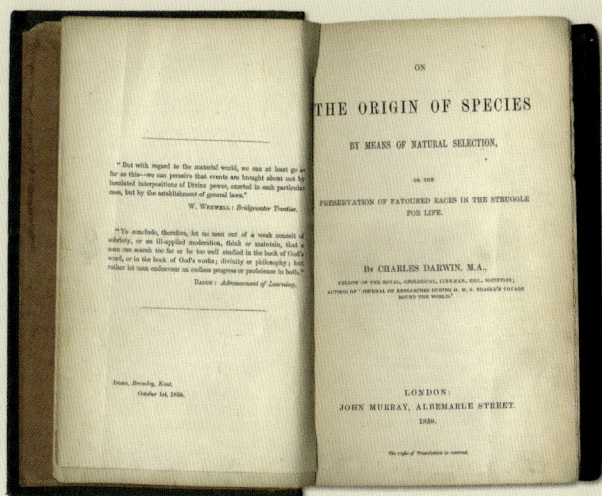

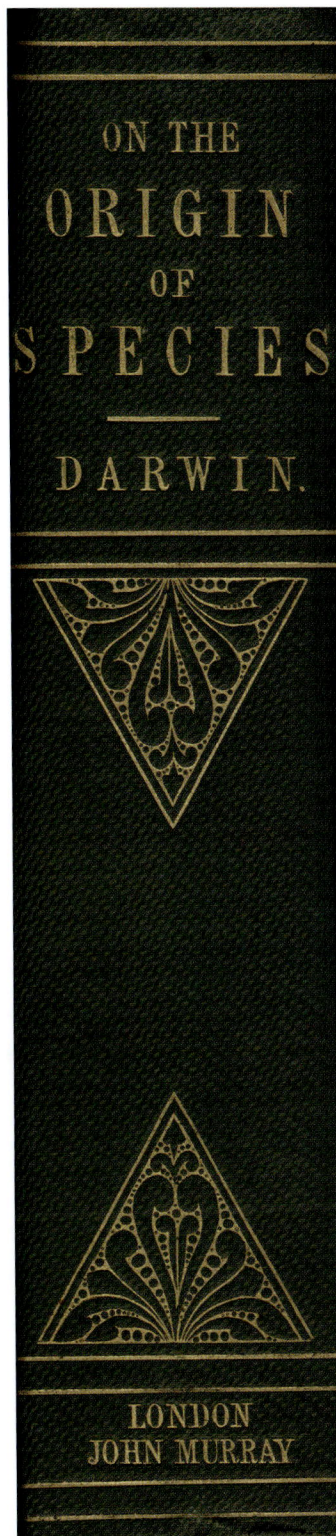

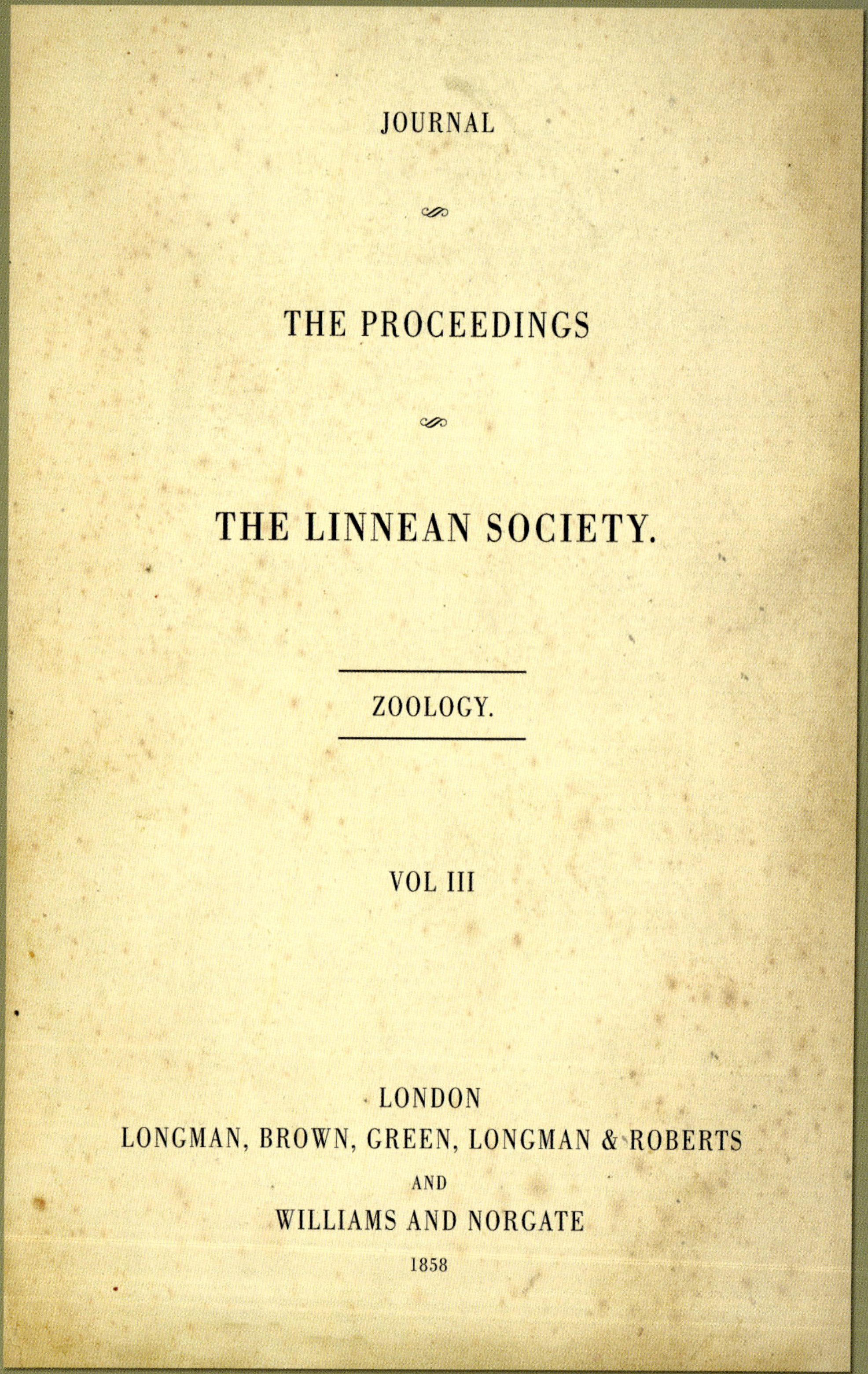

JOURNAL

∽

THE PROCEEDINGS

∽

THE LINNEAN SOCIETY.

ZOOLOGY.

VOL III

LONDON
LONGMAN, BROWN, GREEN, LONGMAN & ROBERTS
AND
WILLIAMS AND NORGATE
1858

第121～123页：1857年时，达尔文尚未出版的《物种起源》的初稿。这几页探讨了地理分布和代表种。

On the Tendency of Species to form Varieties; and on the Perpetuation of Varieties and Species by Natural Means of Selection. By CHARLES DARWIN, Esq., F.R.S., F.L.S., & F.G.S., and ALFRED WALLACE, Esq. Communicated by Sir CHARLES LYELL, F.R.S., F.L.S., and J. D. HOOKER, Esq., M.D., V.P.R.S., F.L.S., &c.

[Read July 1st, 1858.]

London, June 30th, 1858.

MY DEAR SIR,—The accompanying papers, which we have the honour of communicating to the Linnean Society, and which all relate to the same subject, viz. the Laws which affect the Production of Varieties, Races, and Species, contain the results of the investigations of two indefatigable naturalists, Mr. Charles Darwin and Mr. Alfred Wallace.

These gentlemen having, independently and unknown to one another, conceived the same very ingenious theory to account for the appearance and perpetuation of varieties and of specific forms on our planet, may both fairly claim the merit of being original thinkers in this important line of inquiry; but neither of them having published his views, though Mr. Darwin has for many years past been repeatedly urged by us to do so, and both authors having now unreservedly placed their papers in our hands, we think it would best promote the interests of science that a selection from them should be laid before the Linnean Society.

Taken in the order of their dates, they consist of:—

1. Extracts from a MS. work on Species*, by Mr. Darwin, which was sketched in 1839, and copied in 1844, when the copy was read by Dr. Hooker, and its contents afterwards communicated to Sir Charles Lyell. The first Part is devoted to "The Variation of Organic Beings under Domestication and in their Natural State;" and the second chapter of that Part, from which we propose to read to the Society the extracts referred to, is headed, "On the Variation of Organic Beings in a state of Nature; on the Natural Means of Selection; on the Comparison of Domestic Races and true Species."

2. An abstract of a private letter addressed to Professor Asa Gray, of Boston, U.S., in October 1857, by Mr. Darwin, in which

* This MS. work was never intended for publication, and therefore was not written with care.—C. D. 1858.

he repeats his views, and which shows that these remained unaltered from 1839 to 1857.

3. An Essay by Mr. Wallace, entitled "On the Tendency of Varieties to depart indefinitely from the Original Type." This was written at Ternate in February 1858, for the perusal of his friend and correspondent Mr. Darwin, and sent to him with the expressed wish that it should be forwarded to Sir Charles Lyell, if Mr. Darwin thought it sufficiently novel and interesting. So highly did Mr. Darwin appreciate the value of the views therein set forth, that he proposed, in a letter to Sir Charles Lyell, to obtain Mr. Wallace's consent to allow the Essay to be published as soon as possible. Of this step we highly approved, provided Mr. Darwin did not withhold from the public, as he was strongly inclined to do (in favour of Mr. Wallace), the memoir which he had himself written on the same subject, and which, as before stated, one of us had perused in 1844, and the contents of which we had both of us been privy to for many years. On representing this to Mr. Darwin, he gave us permission to make what use we thought proper of his memoir, &c.; and in adopting our present course, of presenting it to the Linnean Society, we have explained to him that we are not solely considering the relative claims to priority of himself and his friend, but the interests of science generally; for we feel it to be desirable that views founded on a wide deduction from facts, and matured by years of reflection, should constitute at once a goal from which others may start, and that, while the scientific world is waiting for the appearance of Mr. Darwin's complete work, some of the leading results of his labours, as well as those of his able correspondent, should together be laid before the public.

We have the honour to be yours very obediently,

CHARLES LYELL.
Jos. D. HOOKER.

J. J. Bennett, Esq.,
Secretary of the Linnean Society.

I. *Extract from an unpublished Work on Species, by C. DARWIN, Esq., consisting of a portion of a Chapter entitled, "On the Variation of Organic Beings in a state of Nature; on the Natural Means of Selection; on the Comparison of Domestic Races and true Species."*

De Candolle, in an eloquent passage, has declared that all nature is at war, one organism with another, or with external nature.

Seeing the contented face of nature, this may at first well be doubted; but reflection will inevitably prove it to be true. The war, however, is not constant, but recurrent in a slight degree at short periods, and more severely at occasional more distant periods; and hence its effects are easily overlooked. It is the doctrine of Malthus applied in most cases with tenfold force. As in every climate there are seasons, for each of its inhabitants, of greater and less abundance, so all annually breed; and the moral restraint which in some small degree checks the increase of mankind is entirely lost. Even slow-breeding mankind has doubled in twenty-five years; and if he could increase his food with greater ease, he would double in less time. But for animals without artificial means, the amount of food for each species must, *on an average*, be constant, whereas the increase of all organisms tends to be geometrical, and in a vast majority of cases at an enormous ratio. Suppose in a certain spot there are eight pairs of birds, and that *only* four pairs of them annually (including double hatches) rear only four young, and that these go on rearing their young at the same rate, then at the end of seven years (a short life, excluding violent deaths, for any bird) there will be 2048 birds, instead of the original sixteen. As this increase is quite impossible, we must conclude either that birds do not rear nearly half their young, or that the average life of a bird is, from accident, not nearly seven years. Both checks probably concur. The same kind of calculation applied to all plants and animals affords results more or less striking, but in very few instances more striking than in man.

Many practical illustrations of this rapid tendency to increase are on record, among which, during peculiar seasons, are the extraordinary numbers of certain animals; for instance, during the years 1826 to 1828, in La Plata, when from drought some millions of cattle perished, the whole country actually *swarmed* with mice. Now I think it cannot be doubted that during the breeding-season all the mice (with the exception of a few males or females in excess) ordinarily pair, and therefore that this astounding increase during three years must be attributed to a greater number than usual surviving the first year, and then breeding, and so on till the third year, when their numbers were brought down to their usual limits on the return of wet weather. Where man has introduced plants and animals into a new and favourable country, there are many accounts in how surprisingly few years the whole country has become stocked with them. This increase would

necessarily stop as soon as the country was fully stocked; and yet we have every reason to believe, from what is known of wild animals, that *all* would pair in the spring. In the majority of cases it is most difficult to imagine where the checks fall—though generally, no doubt, on the seeds, eggs, and young; but when we remember how impossible, even in mankind (so much better known than any other animal), it is to infer from repeated casual observations what the average duration of life is, or to discover the different percentage of deaths to births in different countries, we ought to feel no surprise at our being unable to discover where the check falls in any animal or plant. It should always be remembered, that in most cases the checks are recurrent yearly in a small, regular degree, and in an extreme degree during unusually cold, hot, dry, or wet years, according to the constitution of the being in question. Lighten any check in the least degree, and the geometrical powers of increase in every organism will almost instantly increase the average number of the favoured species. Nature may be compared to a surface on which rest ten thousand sharp wedges touching each other and driven inwards by incessant blows. Fully to realize these views much reflection is requisite. Malthus on man should be studied; and all such cases as those of the mice in La Plata, of the cattle and horses when first turned out in South America, of the birds by our calculation, &c., should be well considered. Reflect on the enormous multiplying power *inherent and annually in action* in all animals; reflect on the countless seeds scattered by a hundred ingenious contrivances, year after year, over the whole face of the land; and yet we have every reason to suppose that the average percentage of each of the inhabitants of a country usually remains constant. Finally, let it be borne in mind that this average number of individuals (the external conditions remaining the same) in each country is kept up by recurrent struggles against other species or against external nature (as on the borders of the Arctic regions, where the cold checks life), and that ordinarily each individual of every species holds its place, either by its own struggle and capacity of acquiring nourishment in some period of its life, from the egg upwards; or by the struggle of its parents (in short-lived organisms, when the main check occurs at longer intervals) with other individuals of the *same* or *different* species.

But let the external conditions of a country alter. If in a small degree, the relative proportions of the inhabitants will in most cases simply be slightly changed; but let the number of inhabitants be small, as on an island, and free access to it from other countries be circumscribed, and let the change of conditions continue progressing (forming new stations), in such a case the original inhabitants must cease to be as perfectly adapted to the changed conditions as they were originally. It has been shown in a former part of this work, that such changes of external conditions would, from their acting on the reproductive system, probably cause the organization of those beings which were most affected to become, as under domestication, plastic. Now, can it be doubted, from the struggle each individual has to obtain subsistence, that any minute variation in structure, habits, or instincts, adapting that individual better to the new conditions, would tell upon its vigour and health? In the struggle it would have a better *chance* of surviving; and those of its offspring which inherited the variation, be it ever so slight, would also have a better *chance*. Yearly more are bred than can survive; the smallest grain in the balance, in the long run, must tell on which death shall fall, and which shall survive. Let this work of selection on the one hand, and death on the other, go on for a thousand generations, who will pretend to affirm that it would produce no effect, when we remember what, in a few years, Bakewell effected in cattle, and Western in sheep, by this identical principle of selection?

To give an imaginary example from changes in progress on an island:—let the organization of a canine animal which preyed chiefly on rabbits, but sometimes on hares, become slightly plastic; let these same changes cause the number of rabbits very slowly to decrease, and the number of hares to increase; the effect of this would be that the fox or dog would be driven to try to catch more hares: his organization, however, being slightly plastic, those individuals with the lightest forms, longest limbs, and best eyesight, let the difference be ever so small, would be slightly favoured, and would tend to live longer, and to survive during that time of the year when food was scarcest; they would also rear more young, which would tend to inherit these slight peculiarities. The less fleet ones would be rigidly destroyed. I can see no more reason to doubt that these causes in a thousand generations would produce a marked effect, and adapt the form of the fox or dog to the catching of hares instead of rabbits, than that greyhounds can be improved by selection and careful breeding. So would it be with plants under similar circumstances. If the number of individuals of a species with plumed seeds could be increased by greater powers of dissemination within its own area

(that is, if the check to increase fell chiefly on the seeds), those seeds which were provided with ever so little more down, would in the long run be most disseminated; hence a greater number of seeds thus formed would germinate, and would tend to produce plants inheriting the slightly better-adapted down*.

Besides this natural means of selection, by which those individuals are preserved, whether in their egg, or larval, or mature state, which are best adapted to the place they fill in nature, there is a second agency at work in most unisexual animals, tending to produce the same effect, namely, the struggle of the males for the females. These struggles are generally decided by the law of battle, but in the case of birds, apparently, by the charms of their song, by their beauty or their power of courtship, as in the dancing rock-thrush of Guiana. The most vigorous and healthy males, implying perfect adaptation, must generally gain the victory in their contests. This kind of selection, however, is less rigorous than the other; it does not require the death of the less successful, but gives to them fewer descendants. The struggle falls, moreover, at a time of year when food is generally abundant, and perhaps the effect chiefly produced would be the modification of the secondary sexual characters, which are not related to the power of obtaining food, or to defence from enemies, but to fighting with or rivalling other males. The result of this struggle amongst the males may be compared in some respects to that produced by those agriculturists who pay less attention to the careful selection of all their young animals, and more to the occasional use of a choice mate.

II. *Abstract of a Letter from* C. DARWIN, Esq., *to Prof.* ASA GRAY, *Boston, U.S., dated Down, September 5th,* 1857.

1. It is wonderful what the principle of selection by man, that is the picking out of individuals with any desired quality, and breeding from them, and again picking out, can do. Even breeders have been astounded at their own results. They can act on differences inappreciable to an uneducated eye. Selection has been *methodically* followed in *Europe* for only the last half century; but it was occasionally, and even in some degree methodically, followed in the most ancient times. There must have been also a kind of unconscious selection from a remote period, namely in

* I can see no more difficulty in this, than in the planter improving his varieties of the cotton plant.—C. D. 1858.

(Voir à la page 2.)

达尔文进化论的反响

达尔文的重要著作《物种起源》，全名为"论借助自然选择方法在生存斗争中保存优良种族的物种起源"，于1859年11月出版。人们常说，一场关于科学与宗教的伟大争论爆发了。

对页：巴黎讽刺杂志《小月亮》（约1878年）的封面，将达尔文画成一只吊在科学树上的猴子。

下图：《小月亮》杂志上刊登的一幅法语漫画，将达尔文画成一只穿过标记着"轻信""迷信""错误"和"无知"的马戏圈的猴子。

事实远非如此。实际上，争论中绝大多数的热度都消耗在了过去几十年来所出版的激进自然主义的著作上。例如乔治·康布[1]的《人的构造》（Constitution of Man，1828年）和佚名作者的《造物者的痕迹》（Vestiges of Creation，1844年），不仅以其"自然法则掌控包括人类在内的宇宙万物"的理论震惊了读者，同时也吸引了更广泛的受众。毕竟，这些早期著作已经有专门的团体反对它们，至少有一次，它们都曾遭受公开焚毁的厄运。但是，这种遭遇并没有降临在《物种起源》及其作者达尔文身上。

尽管如此，《物种起源》还是引发了一场世界范围内的争论，还催生了成百上千与之相关的书评和难以计数的反对或赞同它的著作。《物种起源》的第二版于1860年1月发行了3000册。

达尔文并不十分在意他的理论能否被大众接受。他最关心的是相关知识领域的科学家们的观点。起初众说纷纭，达尔文本就预料到会有来自宗教和意识形态方面的反对声，但令他惊讶的是，有些批评者指出他的方法"不科学"。例如塞奇威克[2]批评达尔文"背离了归纳法原理"，并写信致达尔文道："在阅读你的书的过程中，我的痛苦大于享受。有些部分我相当欣赏，有些部分我看后简直笑得肋骨痛，其他部分则是巨大的折磨，因为我认为这绝对是错误的，甚至是恶作剧。"达尔文写信给赖尔[3]道："我听传闻说，赫歇尔[4]评价我的书'是一堆杂乱无章的法则'，我不知道他具体的意思，但态度显然十分不屑。如果传

1　乔治·康布（George Combe，1788—1858），英国颅相学家，爱丁堡颅相学学会创立者。
2　亚当·塞奇威克（Adam Sedgwick，1785—1873），英国地质学家，现代地质学创始人之一。他与罗德里克·莫里森（Roderick Murchison，1792—1871）共同提出了泥盆纪时期的概念。
3　查尔斯·赖尔（Charles Lyell，1797—1875），英国地质学家。他著有《地质学原理》，是19世纪关于地质演化论思想的经典著作。
4　约翰·赫歇尔（John F. William Herschel，1792—1871），英国天文学家、数学家。他首创以儒略纪日法来记录天象日期，并发现硫代硫酸钠能作为溴化银的定影剂。

科学与宗教的冲突？

1860 年，英国科学促进协会在牛津召开了一次会议，在众多与会者面前讨论了达尔文的理论。而那期间发生了什么已经成为达尔文相关故事中的主要迷思。据传闻，一场科学与宗教之间不加掩饰的冲突一度凸显，当主教塞缪尔·威尔伯福斯（Bishop Samuel Wilberforce）质问颇有勇气的年轻博物学家赫胥黎（Thomas Henry Huxley）到底他的曾祖父还是曾祖母一方的祖先来自一只猿猴的时候，赫胥黎的回答是，他宁愿自己的祖先是一只猿猴，也不愿意让自己的祖先成为一个利用人类天赋去蔑视严肃的科学探讨的人。事实上，无论他们当时说了些什么，这场辩论更是一场有关个性和自我的摩擦，而非科学与宗教的对立。

下图：主教塞缪尔·威尔伯福斯。

闻为真的话，那真是很大的打击，令人灰心沮丧。"

尽管如此，达尔文仍然是科学界一位至关重要且受人尊敬的人物，不得不被认真对待。不同的人对他的理论的不同组成部分及其含义都有着不同的反应。很多科学家，特别是年轻学者，很快接受了进化论。颅相学家和植物学家休伊特·科特雷尔·沃森[5]写信给达尔文道："你那关于自然选择的先进观点无疑将成为科学界中一个毋庸置疑的真理。这一观点具备所有伟大的自然真理的特征——能够将模糊阐明，将复杂简化，较先前的知识有了巨大进步。如果你不是有史以来自然史领域最伟大的革命者的话，至少也是本世纪以来最伟大的革命者。"然而，有些人并不接受达尔文所强调的自然选择。许多人都针对这一理论暗示人类必是更早物种的后裔的说法写了文章。对于很多读者，尤其是信仰宗教的非科学人士来说，这个说法是不可接受的，所以达尔文时常遭到十分激烈的攻击。

1861年，刚从巴西归来的博物学家亨利·瓦尔特·贝茨[6]指出，自然选择可以

右图： 伦敦始祖鸟标本。"几乎没有任何更晚的发现能比这更有力地说明我们对世界上的早期栖居者所知之少。"达尔文说道。

---

5 休伊特·科特雷尔·沃森（Hewett Cottrell Watson，1804—1881），英国颅相学家、植物学家。
6 亨利·瓦尔特·贝茨（Henry Walter Bates，1825—1892），英国博物学家。

解释南美蝴蝶的拟态之谜。贝茨发现很多色彩鲜艳的蝴蝶之所以能逃脱被捕食的命运，是因为它们有着非常难闻的气味。而不管这种蝴蝶存在于何处，与之不同的更珍稀的蝴蝶，甚至是不同科的蝴蝶，都明显地与这种蝴蝶趋于相似。而它们模仿得越像那种不宜食用的蝴蝶，被鸟类捕食者忽略的可能性就越大，生存概率也就越大。

越来越多的科学家发现，达尔文的理论在他们的专业知识领域中能得到合理的解释。赞同达尔文观点的论文和专著开始出现，大约在1869年左右，也就是这本书出版的十年后，大多数科学家都接受了达尔文的观点，认为他是正确的。当然，并非各地的情况都是一致的。在德国，这一理论被接受得很快，且公众对此没有什么大惊小怪的。而在法国，这一理论被忽略和蔑视了很多年。直到19世纪70年代，人们才普遍认为达尔文是改写了自然史研究的科学家。

对页：该插图描绘了被捕食鸟类忽略的色彩鲜艳的蝴蝶的拟态现象，源自文章《关于亚马孙河谷的鳞翅目昆虫》，亨利·瓦尔特·贝茨，发表于《林奈学会会刊》，1862年。

新的方向

"每门科学史都显示出，最伟大的进步时代并非那些对客观事物的新发现层出不穷的时代，而是那些使已有的事实能够被整合且被归纳为普遍原理的新思想诞生的时代，并将对后世的探索给予新的方向……博物学家在'物种恒久不变'这一观点上坚持得太久了……区别本种与变种的困难在不断增加，而并非逐渐减小……而达尔文先生提出的'自然选择'这一具有逐步修正性的学说，会为研究现生物种和灭绝物种之间真正的遗传关系提供新的方向……"[威廉·本杰明·卡朋特（William Benjamin Carpenter）医生于1860年对《物种起源》的评论]

下图：美国古生物学家马什（O. C. Marsh）于19世纪60年代末及70年代发现的一系列马类化石。这批标本首次阐明了一种现生动物的祖先。下图显示，随着体型增大，该动物为了适应食草和奔跑，趾头数量有所减少。

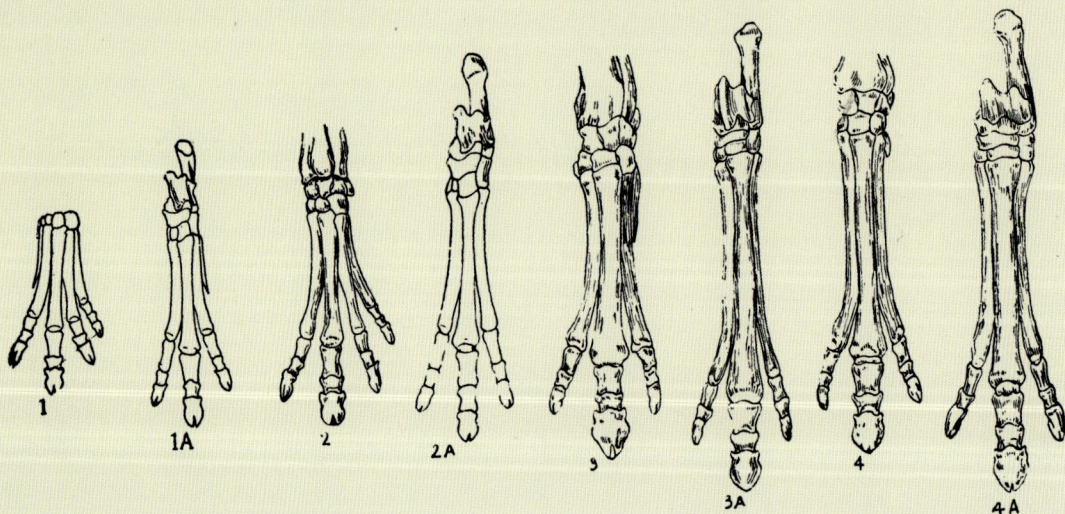

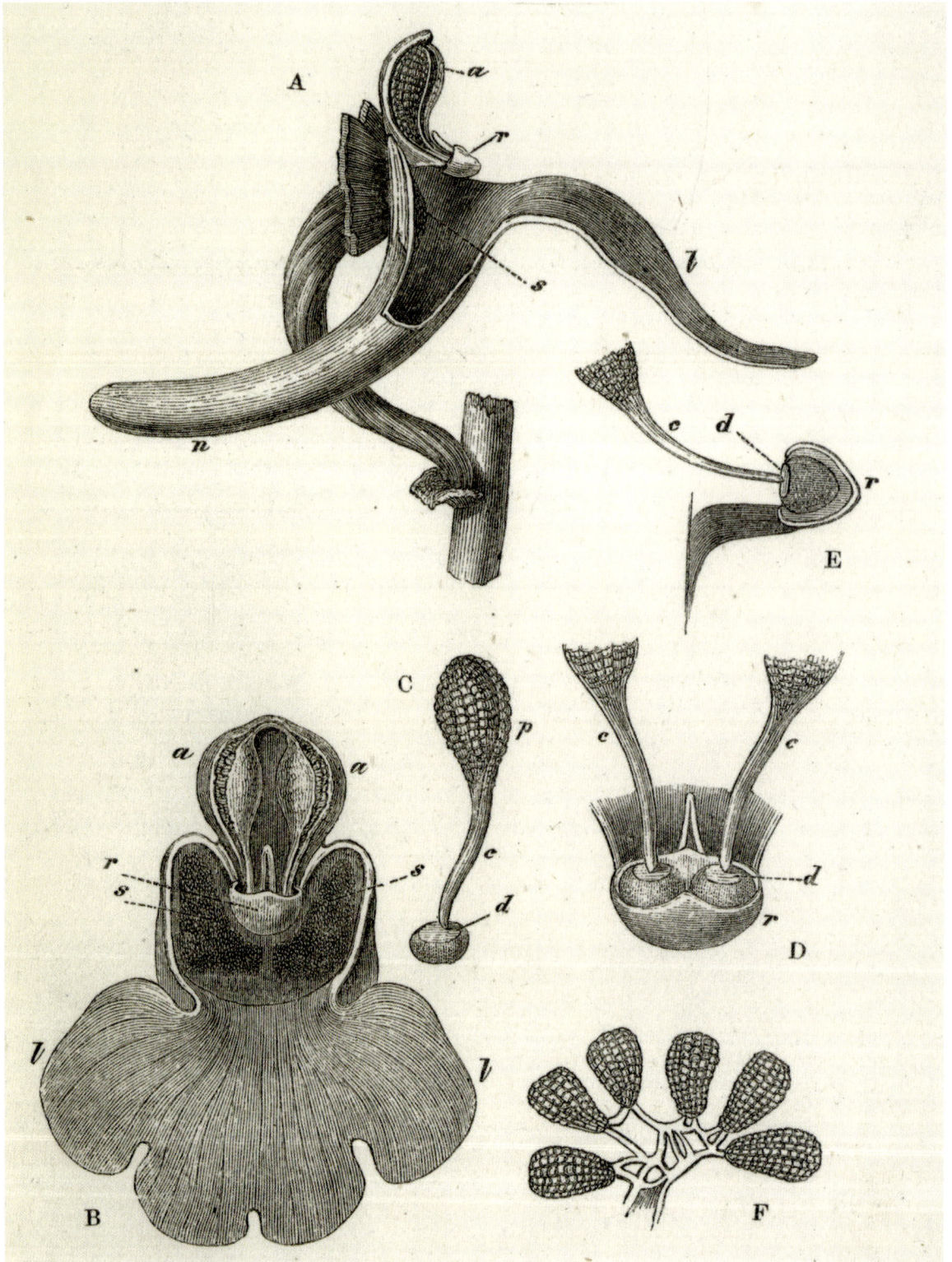

兰　花

也许令人有些惊讶，但达尔文的下一本书的确是关于兰花授粉机制的。几乎纯粹出于偶然，他开始对这个问题十分着迷。继1859年他推出了三版英国版和两版美国版的《物种起源》，以及两版翻译版后，在关于兰花的那本书中，达尔文第一次详细地阐述了自然选择的力量。

林奈当时已经发现了100种兰科植物，但是到1860年，人类已知总共433属和6000种兰科植物。那时，稀有美丽的兰花在富有的收藏家圈内风靡一时，达尔文劝说他们中的很多人寄兰花给他。

批评达尔文自然选择进化论的人士指出，这个理论无法具体应用于对现生物种的阐释上。花朵那精美微妙的曲线轮廓与形状和结构就是一个例子。有些人认为花朵的美丽是为了人类的眼睛而生，但达尔文知道这不可能是真的，因为有些花只开在夜间，而有些花开在这世界上人迹罕至的地区。达尔文对研究兰花的巨大热情日益高涨，部分原因是他发现自然选择可以用于解释极小的花朵中那些最微不足道的曲线和形状。

达尔文用兰花做实验来探索它的授粉过程。他尝试给兰花进行人工自花授粉，但这样几乎无法结出可育的种子。他用一个玻璃罩罩住了其中一棵植株，而将其他兰花暴露在空气中并放置在它旁边。达尔文每天都对花粉块进行记录，他发现不受遮盖的植株的花粉块渐渐消失，而被罩住的植株的花粉块始终未受扰动。经过一段时间后，不受遮盖的植株产生了授精的种子，而被遮盖的植株却没有。

在其他博物学家的帮助下，达尔文发现23种蛾喙上粘有兰花的花粉块。他认为，花粉块是花朵为了让昆虫将其搬运和传播而生的，而昆虫为了取到花蜜，会向花朵深处探索。当一只昆虫为采蜜而钻入花朵中时，花粉块会变黏，继而附着在昆虫身上。当昆虫退出并飞走时将其带走，花粉块则完成了与花朵的分离。而花粉块在昆虫身上附着的位置正正好好，使它钻进下一朵兰花内部为一饮花蜜而翻查探寻时，能够为其授精。达尔文论证道，花拥有合适的结构来为昆虫做向导，指引着它们进入正确的位置，进而使花粉块能够在昆虫通行途中附着在其身上，并且能够接收到访昆虫所带来的花粉。他用这种方式解释了生物之间复杂的相互依存关系。

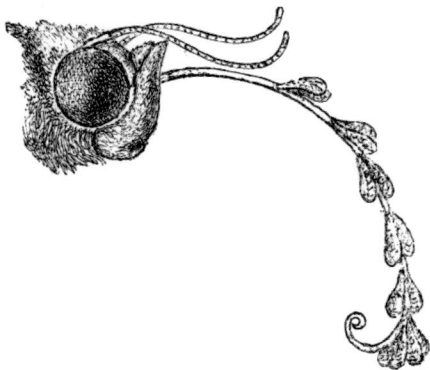

对页：表明强壮红门兰各部分相对位置的图片，尤其是对花粉块的细节描绘。

右图：此图显示，一只蛾的喙恰好被兰花的花粉囊所覆盖，关于兰花的授粉之谜终于被解开。

植物的繁殖

　　植物有着不同的性别，这一事实直到达尔文开始研究兰科植物之前大约60年才被确定。雄性器官，即花药，负责生产花粉（能够沾染我们手指的黄色粉末）。为了产生授精的种子，它必须接触到雌性器官，或者说雌蕊。通常来说，用一个小的油画刷转移花粉，来给一朵花人工授粉（或授精）也是可以的。授粉的过程多种多样，有时可能只是简单地由风将花粉从一棵植株吹到另一棵上，但大多数兰花的花粉都非常牢固地嵌在花中而很难被吹落。这对于达尔文来说是个谜：兰花是如何授粉的呢？因为之前没有人曾观察到昆虫为兰花授粉，所以有些人怀疑兰花自己完成了授粉过程。

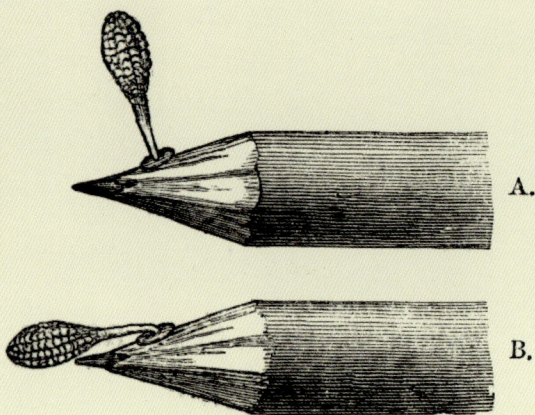

上图：A.初次接触时的强壮红门兰的花粉块。
B.授粉后的强壮红门兰的花粉块。

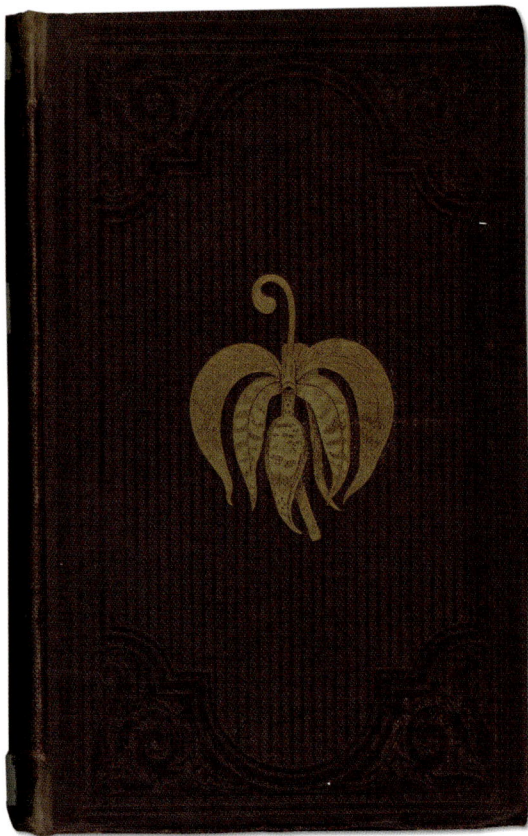

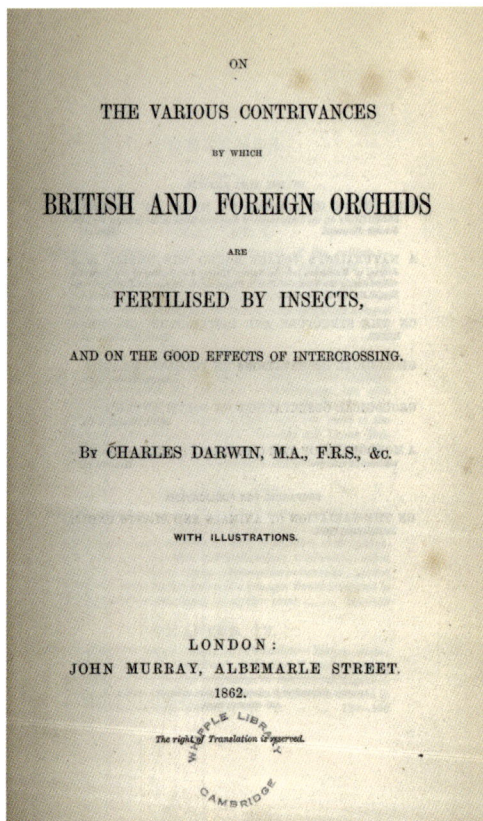

ON

THE VARIOUS CONTRIVANCES

BY WHICH

BRITISH AND FOREIGN ORCHIDS

ARE

FERTILISED BY INSECTS,

AND ON THE GOOD EFFECTS OF INTERCROSSING.

BY CHARLES DARWIN, M.A., F.R.S., &c.

WITH ILLUSTRATIONS.

LONDON:
JOHN MURRAY, ALBEMARLE STREET.
1862.

The right of Translation is reserved.

达尔文测得一些小的兰花每棵植株会产生约6000至186000颗种子。然后他计算得出，如果一棵植株的种子成功地萌发并成长，可以覆盖六亩地，那么这棵植株的后代按照同样的速度繁衍就可以覆盖整个地球的土地了。显然这并未发生，也就意味着有严格的控制因素阻止了兰花繁衍到这种程度。达尔文并不确定这些控制因素是什么，但他总结道，任何能够使一株植物成功繁殖的自然发生的差异都有可能引起增殖。

达尔文指出，复杂的适应性确保了花朵能够被不同的植株体授粉。这一点证实了他的猜测，即长期持续的自我繁殖，例如雌雄同体的生物会输给有性繁殖，因为每一代都是一个崭新且独一无二的混合体，这就提供了更多的变化性，使植物在严酷的生存斗争中存活下来。他还指出，植物和动物一样有着错综复杂的适应能力，并且它们的适应系统是在先前存在的诸多特征因素中通过自然选择筛选出来并拼凑而成的。达尔文为发现这种具有美丽结构的自然主义解释而感到激动不已。

阿萨·格雷（1810—1888年）

美国植物学家阿萨·格雷于1874年对达尔文给予了肯定和赞赏，因为达尔文"解释了所有这些和其他不寻常的结构，以及花序的整理排列，甚至还有有性繁殖的意义和需求……'自然憎恶近亲繁殖'这句箴言，以及这一原则的证明属于我们的时代，属于达尔文先生。自然选择的真理性和重要性在这一刻如此显而易见。在十几年内，这些原则将被应用于自然系统中，将给自然史留下自林奈以来最深远的影响，这样的荣誉对一个人的名誉来说已经足够了。"（阿萨·格雷，源自刊登于1874年8月《美国自然学家》上的文章，第8期：第475～479页）

对页（左下图）：装饰着镀金兰花图案的《兰科植物》一书的封面。该书出版于1862年5月15日。

对页（右下图）：《兰科植物》的扉页。这本书是达尔文继《物种起源》之后的第一部著作，展示了兰科植物的繁殖器官之间的具体关系，以及为兰科植物授粉的昆虫。

变　异

《物种起源》出版以后，达尔文并没有放弃继续撰写关于进化论的重要著作。他将未发表的手稿的前两章整理成《动物和植物在家养下的变异》，于1868年出版。

这是达尔文篇幅最长的著作，当时他还想再写两部同等规模的著作，但最终并没有做到。

在这部著作的开头，达尔文列举了他之所以相信进化论的种种证据：

"一个人用自己的手发掘出灭绝的、巨大的四脚兽的骨，就把物种连续性的整个问题生动地提到他的面前来；而我就在南美洲找到了同被覆在现存矮小犰狳身上的完全一样而不过是非常巨大的、大块镶嵌式的甲胄；我找到了像现存树懒的牙齿

那样的巨齿以及像豚鼠的骨那样的骨。近似类型的连续性，以前在澳洲也有过相似的情况。于是，在这里我们看到了在同一地域里同一模式在时间上和空间上好像是由于传续而得到了优势；不论在上述哪一种情形下，生活条件的相似性都不足以说明生物类型的相似性。密切相连续的地层里的化石遗物在构造上的密切近似是大家都知道的事；而我们能够立刻理解这种事实，如果说它们的密切近似是由于传续。同一属的许多不同物种在一长系列地层中

对页：一只棕白相间的英国凸胸鸽。饲养员可以通过选择性繁殖在很大程度上塑造动物的特性。

下图：四个不同品种的鸽子的头骨侧视图，显示出单独一个物种变化竟如此之大。

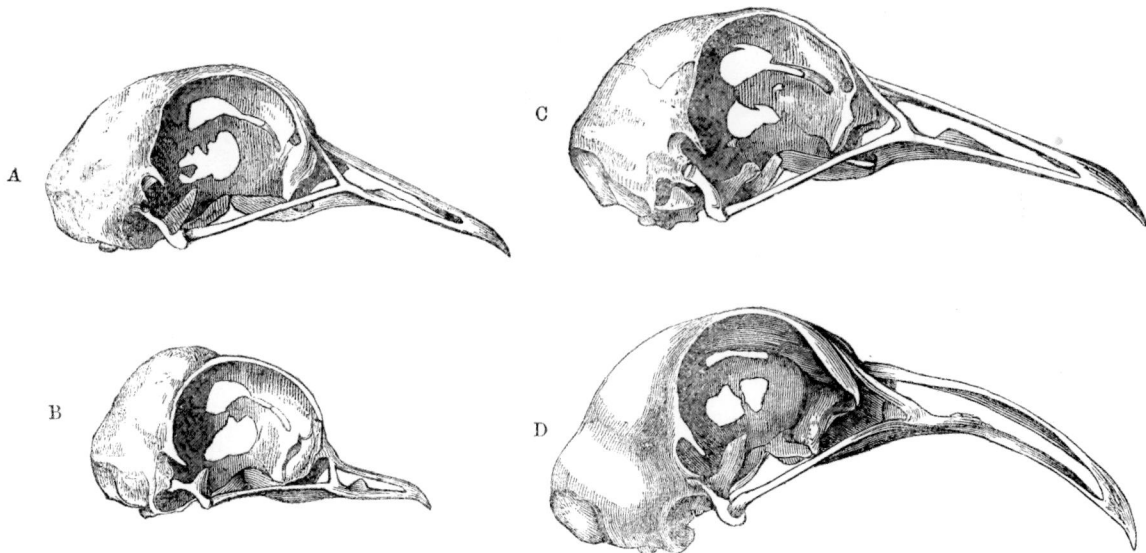

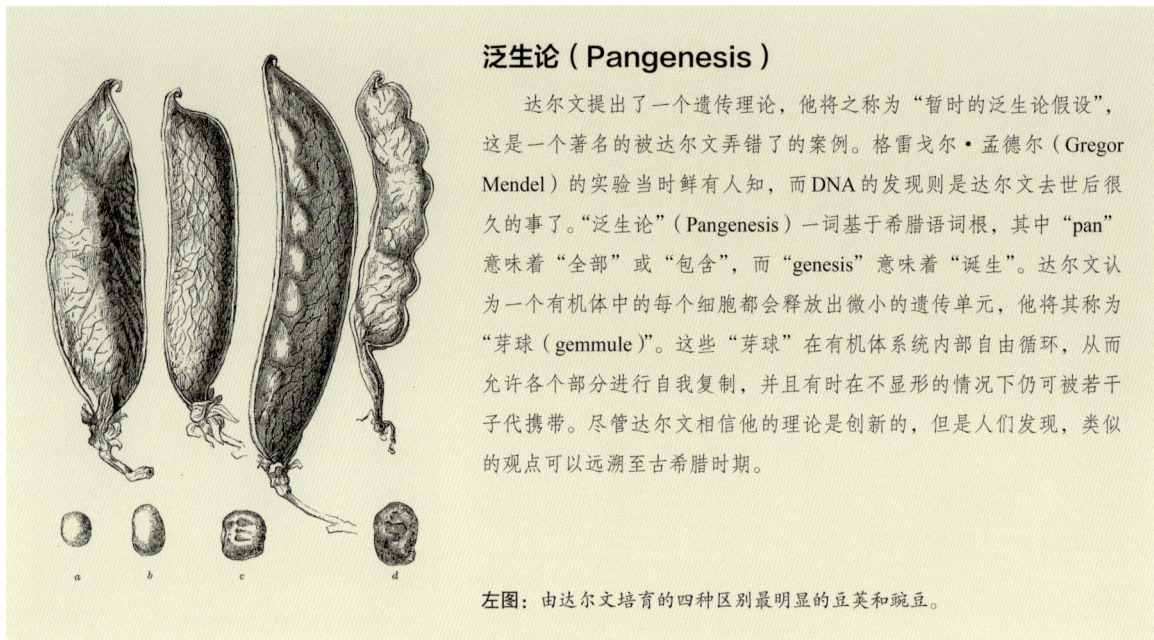

泛生论（Pangenesis）

达尔文提出了一个遗传理论，他将之称为"暂时的泛生论假设"，这是一个著名的被达尔文弄错了的案例。格雷戈尔·孟德尔（Gregor Mendel）的实验当时鲜有人知，而DNA的发现则是达尔文去世后很久的事了。"泛生论"（Pangenesis）一词基于希腊语词根，其中"pan"意味着"全部"或"包含"，而"genesis"意味着"诞生"。达尔文认为一个有机体中的每个细胞都会释放出微小的遗传单元，他将其称为"芽球（gemmule）"。这些"芽球"在有机体系统内部自由循环，从而允许各个部分进行自我复制，并且有时在不显形的情况下仍可被若干子代携带。尽管达尔文相信他的理论是创新的，但是人们发现，类似的观点可以远溯至古希腊时期。

左图：由达尔文培育的四种区别最明显的豆荚和豌豆。

的延续似乎是不间断的，即连续的。新的物种一个又一个地逐渐出现。古代的灭绝了的生物类型在性状上常常是中间的，恰如一种死了的语言的字同由它派生出来的语言（即活语言）的关系一样。所有这些事实，依我看来，都指出家系变化是新种产生的方法。"（引自《动物和植物在家养下的变异》，达尔文 著，叶笃庄、方宗熙译，北京大学出版社，2014年5月第1版）

达尔文后来在自传中回忆道，这部著作"从1860年年初开始起草，直到1868年年初才出版。这是一部篇幅巨大的著作，耗费了我四年零两个月的辛苦劳动。它聚焦于驯养繁殖，涵盖了我的所有观察及从各种来源收集到的大量事实。其中的第二卷在我们目前知识的允许范围内，讨论了变异和遗传的原因与法则等。在这部著作的最后，我给出了我那备受批判的泛生论假设。"

从19世纪30年代达尔文开始思考物种以来，驯化的动植物的相似性给了他最大的灵感，从而成为他理解自然界的物种及其变种如何产生的强有力的工具。这部著作分析了很多驯化的动植物的例子，尤其是达尔文自己养的鸽子，还有兔子、鸟和鸭子。他论证了驯化物种在人类的控制下所经历的变化的程度和本质，并且认为同一物种的不同品种，比如狗和鸽子，可能来自一个单一的野生祖先种，而不是许多不同的野生祖先种。

这部著作重点证明了"没有任何系统的任何一部分能够避免变化的趋势"。以当时所知的来看，有机体有着高度的灵敏性和变化性，它们并不是简单相同的复制品。例如，达尔文指出："在某鸽群中，下颚骨的形状、舌头的相对长度、鼻孔和眼睑的大小、肋骨的数量和形状，以及食道的形态和尺寸，都有变化。"

这些自然发生的微小变化或差异，经过人工挑选，可以促使它们向着人类需要

右图：通过阅读关于动物繁育的文献资料，达尔文发现金色闪亮的波兰矮脚鸡自18世纪30年代开始产生变化，因为饲养员偏爱不同的特性。

的方向繁殖。达尔文举了个例子，如果饲养员想让动物长长一点儿的尾巴，他们可以选出尾巴最长的个体进行繁殖，而排除那些短尾巴的个体。这一过程持续几代之后，就可以孕育出尾巴较长的品种。达尔文利用这一点说道："我们有足够充分的证据说明，自然界如此多样化的物种中永远存在个体间的轻微差异……这就使我们得出结论，物种的起源是自然选择的结果，不是出于突然的改变，而是出于极其微小的差异。"

自然界的变种

"如果生物体在自然状态下由于周边条件（我们有着充分的地质学证据）或任何其他缘故，产生了一丁点程度的变化，或者如果在漫长的年代里，可遗传的变化在其与生命极为复杂和多变的关系中，曾以任何方式展现出优势……那么严酷且经常反复发生的生存斗争则会决定那些变化。不管多么微小，只要是有利的，都会被保留或选择，而那些不利于生存的变化则会被摧毁。"（查尔斯·达尔文，《动物和植物在家养下的变异》，第一卷，1868年，第5页）

右图：暗褐色德文郡马，肩膀、脊背和腿上有条纹。达尔文认为这些条纹源自更早的祖先。

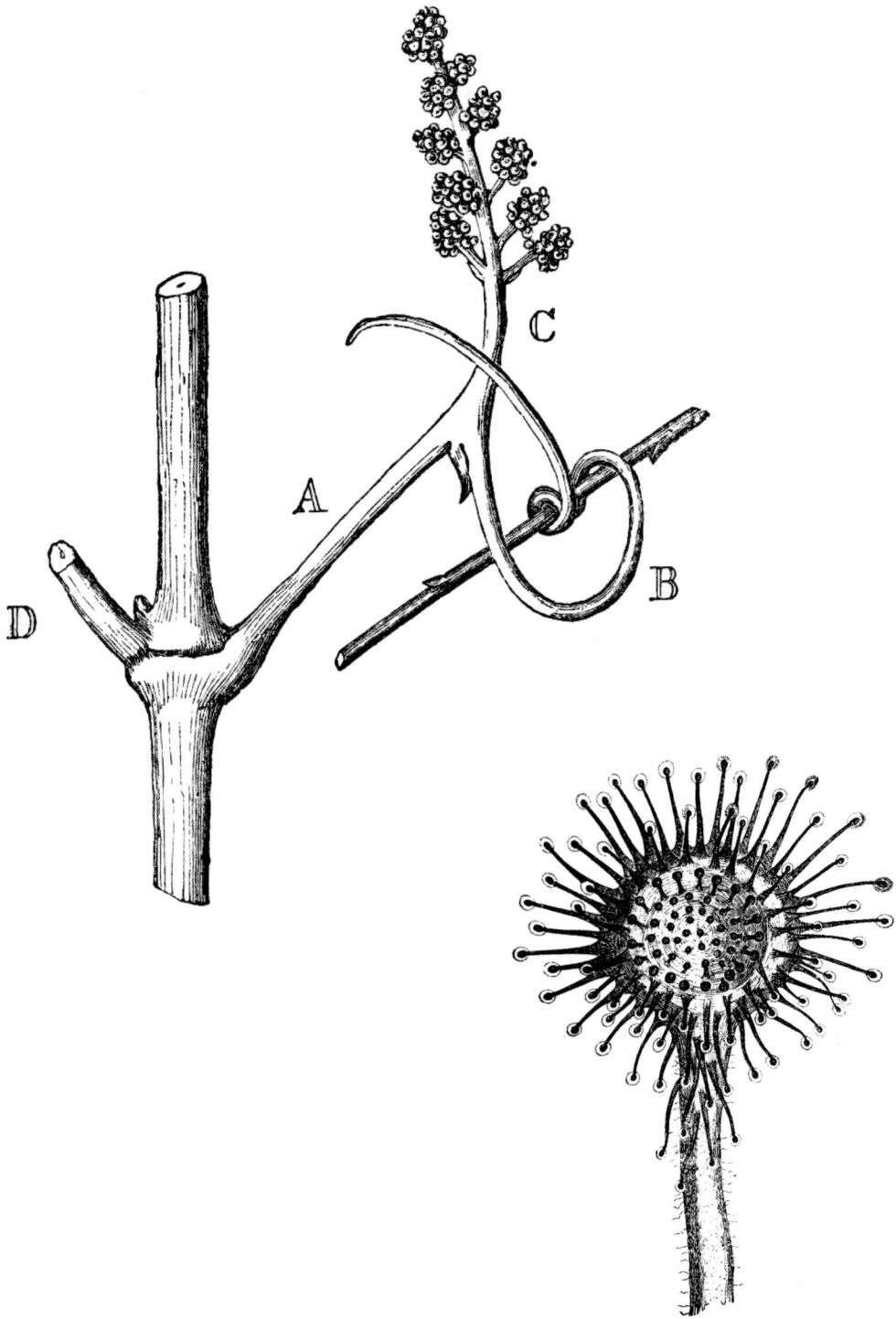

植物的力量

随着身体健康每况愈下，达尔文把更多的精力投入植物研究中，因为他可以在家里每次用很短的时间来研究它们。他对植物的卷须十分着迷，总计研究了超过100种攀缘植物，包括缠绕植物、用叶攀缘植物和具卷须植物。

达尔文关于这些植物的研究工作同样反映了达尔文式的研究方法，即让不可见的东西变得可见，并通过揭示微小变化如何累积产生了重大变化，来解释表面上看起来无法理解的事物。

当我们看到一株攀缘植物用茎或卷须缠绕在一根棍子上时，我们知道它一定会绕着这根棍子缓慢移动。但是它怎么做到的呢？植物的运动如此缓慢，它们的运动原理中包含很多谜团，例如光线、重力或触摸等因素是否会影响它们的生长和移动。达尔文开始通过实验来寻找答案。

那时还没有延时摄影技术，达尔文用了几种方法来揭示攀缘植物的运动。例如，他用玻璃罩把要研究的植物罩上，然后每隔一定的时间在玻璃罩上记录被观察

植物的运动，直到形成一系列可以用纸笔记录下来的轨迹，从而揭示植物的运动过程。达尔文由此重建了我们现在可以在大卫·爱登堡（David Attenborough）的电影《植物私生活》（*The Private Life of Plants*）中看到的场景。达尔文认为，很多复杂的攀缘植物可能是某些早期品种的后代。

1865年，达尔文第一次将研究成果刊登在《林奈学会会刊》上，后来经过修订，于1875年由约翰·默里出版社独立成书出版。达尔文总结道："没有运动能力一直是将植物模糊区别于动物的因素。其实应当这样说：只有对其有益时，植物才会获得并施展这种能力。这种能力相对来说比较少见，因为植物通常长在土壤里，通过空气、雨水和土壤获得养分。"

达尔文的著作《食虫植物》（*Insectivorous Plants*）（1875年）对于在营养贫乏的环境中需要从昆虫那里摄取营养的植物的适应性进行了细致的研究。他十分具体地研究了茅膏菜。茅膏菜的叶子上覆盖着数百条顶端被黏液包围的腺体。当一只昆虫

对页（左上图）：基部着生花序的不完全葡萄卷须，卷须见本页右图。

对页（右下图）：能够捕捉昆虫的茅膏菜的叶子放大图。

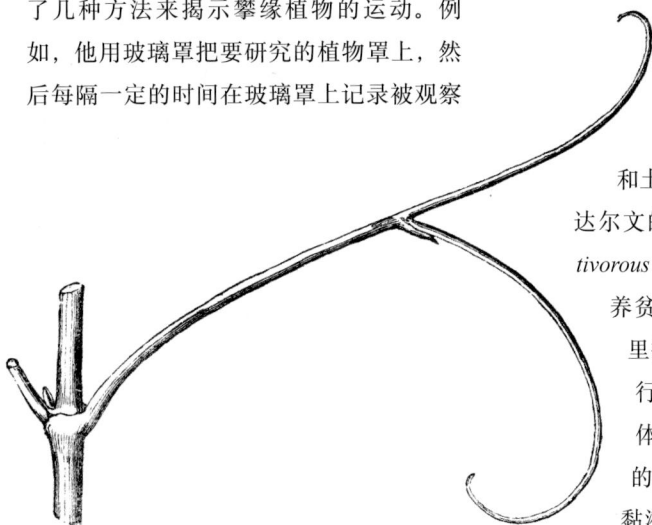

落到茅膏菜的叶子上时，会被黏稠的小液滴包围住。叶子会慢慢向内蜷曲，将昆虫封在内部，然后将其消化。达尔文通过实验找寻哪种接触和物质能够激活叶子。他几乎用尽了他能尝试的所有东西来刺激叶子，包括头发、丝线、牛奶、肉和玻璃，最终发现是化学物质（而非其他物质）激活了叶子的行为。他发现这种植物所分泌的用于消化昆虫的化学物质与动物的消化液十分相似。他在显微镜下精确地观察到了腺体和触须细胞连续的反应过程。达尔文指出，自然选择能够解释这种不寻常的特征，因为有些拥有分泌黏液腺体的普通植物偶尔会捕捉到昆虫，但并不会消化它们。这种植物"可能会在有利的环境下转化成能够真正消化昆虫的物种。因此，若干种没有密切联系的不同属植物能够独立地获得同样的能力就不再是什么巨大的谜团了"。这部著作还研究了其他种类的食肉植物，例如著名的捕蝇草。

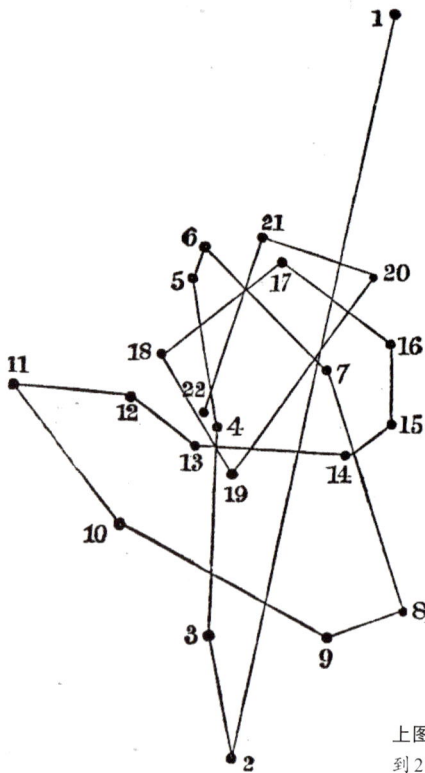

上图：一株豌豆上部节间自8:46到21:15的运动路径，源自《攀缘植物的运动与习性》（On the Movements and Habits of Climbing Plants），1875年。

攀缘植物

"我开始这项研究是因为阅读了阿萨·格雷的一篇关于葫芦科植物卷须运动的短论文（发表于1858年）。他寄给我一些种子。在培育它们的过程中，我对植物卷须和茎部的回旋运动十分着迷，同时又很困惑。这些运动真的非常简单，尽管一开始看起来十分复杂。我又设法获得了各种其他种类的攀缘植物，以进一步研究这个领域……有些攀缘植物所展现出的适应性和兰花为了保证交叉授粉所做出的适应性改变一样出色。"（《达尔文自传》，1958年，第129页）

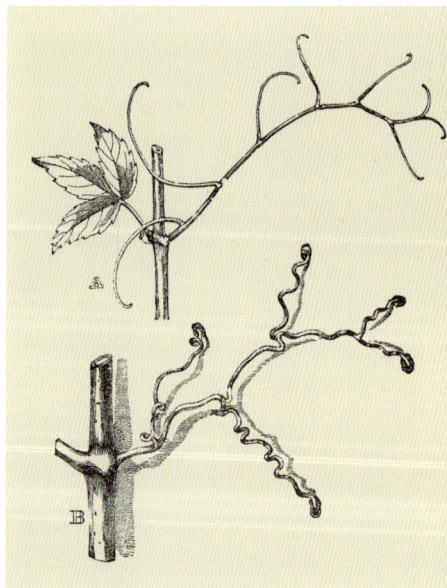

左图：弗吉尼亚爬山虎的卷须。达尔文指出，这种植物适合抓住平面，而非树枝或棍子。

一项杰出的发现

"在接下来的几年中，无论我何时有空闲时间，都会进行我的实验。我的《食虫植物》一书于1875年出版，距离我的第一次观察实验已经有16年之久了。这本书及其他著作的推迟出版，对我来说是一个巨大的优势，因为在一段相当长的时间间隔以后回顾自己的研究就是在做一次自我批评，我几乎就像在看另一个人的研究。"（《达尔文自传》，1958年，第132页）

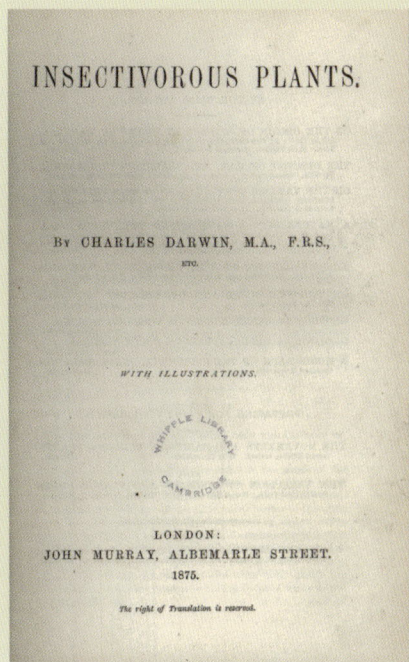

下图：《食虫植物》（1875年）的扉页。

本页右图（居上）：附着在葡萄风信子上的白泻根卷须。在大风天气，达尔文观察到螺旋卷须十分具有弹性，仍能紧紧抓牢攀附物体。

本页右图（居下）：捕蝇草的树叶，仅在南卡罗来纳州和北卡罗来纳州潮湿贫瘠的土壤中生长。它们的根系从土壤中获得的营养较贫乏，因此会通过消化昆虫来补充营养。

INSECTIVOROUS PLANTS.

By CHARLES DARWIN, M.A., F.R.S.,
ETC.

WITH ILLUSTRATIONS.

LONDON:
JOHN MURRAY, ALBEMARLE STREET.
1875.

The right of Translation is reserved.

《植物运动的力量》（*The Power of Movement in Plants*）（1880年）是达尔文后期出版的著作之一。他在其中论证了植物茎的生长的环形运动使它已经能够适应任何其他种类的运动。

情感的表达

自19世纪30年代以来，达尔文就开始收集材料并整理关于人类起源的笔记，"但我决心不将其发表，因为我认为，如果发表的话，只会给自己徒增更多的反对意见"。

在《物种起源》的结尾，达尔文似乎能够充分地说明"人类的起源和历史之谜终将解开"。在《物种起源》之后，还有一些其他学者撰写了关于人类进化的著作，其中最著名的是赫胥黎于1862年出版的《人类在自然界的位置》。达尔文认为是时候公开他自己的观点了。于是在1871年，他出版了两卷本的《人类的由来及性选择》。

这部著作显然有一个奇怪的特征：大部分内容是其他物种的性选择，诸如昆虫、鱼类、蜥蜴和灵长目动物，特别是鸟类。这是达尔文解释进化的独特机制，尽管它们现在被视作自然选择的一个亚类。他解释了性差异，例如雄鹿的鹿角、公鸡的鸡距、孔雀的尾巴等都是成功的雄性的不同特征，这些要么是与其他雄性竞争的结果，要么是被雌性选择而留下更多后代的结果。

达尔文解释了为什么性选择占据了他研究工作的大部分时间：

"很多年来，我认为性选择很可能在区分人类种族方面发挥了重要作用……当我将这个观点应用于人类时，我发现它在整体和细节上都是不可或缺的。所以，本书第二卷关于性选择的内容与第一卷相比，

长度已经超出了正常限度，但这是不可避免的。"

《人类的由来及性选择》的第一卷使其名声大噪，因其用压倒性的证据阐释了什么是人类，以及人类从何而来。达尔文将证据分成三个方面来阐述。

首先是人和其他动物之间的相似性，如骨骼、肌肉和器官等。在达尔文看来，人类与猿猴的相似度超过了猿类跟其他任何现生种类的相似度。

对页：达尔文认为雌鸟能够识别雄鸟所展示的美丽羽毛的细微差别。

右图："纵观哺乳动物纲的所有成员，没有哪种能像成年雄性山魈一样，有如此鲜艳的颜色。在这个年纪，它们的脸会变成纯蓝色，鼻梁和鼻尖部位则变成鲜亮的红色。"（《人类的由来及性选择》，第二卷，第292页）

人类和动物的关系

达尔文在《人类的由来及性选择》的结论中有一个著名的观点："人类来源于一种毛茸茸的四足动物，这种动物有尾巴和尖耳朵，可能有树栖的习性，也是旧大陆的栖居者。如果由一名自然学家检视其整体结构，则会将其归入灵长类动物，就如同更常见的旧大陆和新大陆的猴子们更古老的祖先那样。灵长类动物和所有高等哺乳动物可能都起源于一种古老的有袋动物，而有袋动物是通过长期且多样化的形式进化而来的，可能源自某种类似爬行动物的生物，或某种类似两栖动物的生物，而它们可能从某种鱼类动物进化而来。透过模糊不清的过去，我们能够看到，所有脊椎动物的早期祖先都一定是水生动物，有鳃，雌雄同体，并且最重要的身体器官，诸如大脑和心脏，发育不完全。"（查尔斯·达尔文，《人类的由来及性选择》，第二卷，1871年，第389页）

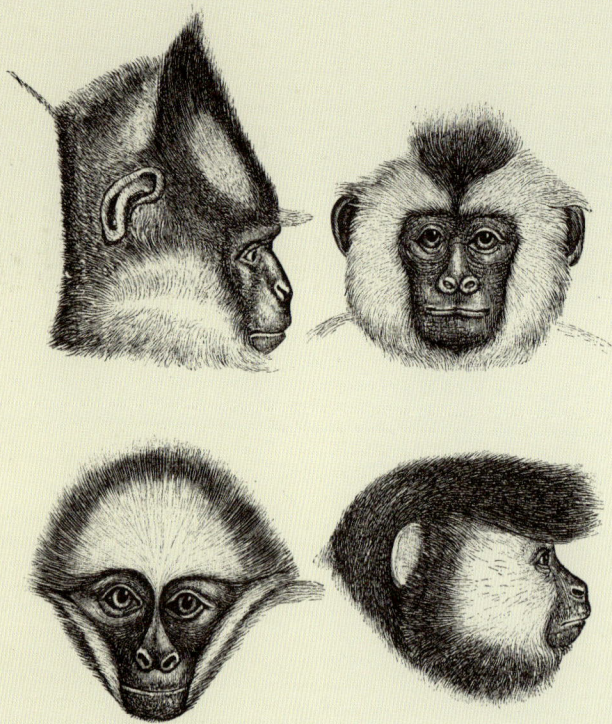

上图：达尔文认为猴子浓密的鬃毛和有色的皮肤是为了吸引母猴的性别装饰。

其次，达尔文强调胚胎发育的相似性。人类胚胎并非成年人的迷你版，成长也并非仅仅是体积变大。人类胚胎需要经历一段与其他动物胚胎极为相似的较长发育过程。

最后，达尔文探讨了人类不再有实际功能而只是残留的结构，例如人类退化的尾骨。达尔文还推测人类起源于非洲。

达尔文本计划在《人类的由来及性选择》一书中探讨人类的表情，但这本书已经太长了，所以他于1872年出版了另一本书——《人类和动物的情感表达》。他一开始想要动笔写这个主题的决心，来自之前有个学者声称人类被赋予特殊的肌肉只是为了表达情感。达尔文指出，人类的情感及其表达从某种程度上也可以在其他动物身上看到。"通过特定的动作表达我们的感受的习惯，尽管现在已经成为与生俱来的，似乎曾经是以某种方式渐渐习得的。但要探明这些习惯是如何获得的将十分复杂。人类必须在一个全新的视角下看待整个问题，且每个表达都需要一个理性的解释。"他还指出，主要的情感表达方式在所有的人种间都是通用的，这同时也成为支

对页：达尔文于1868年推演的关于包括人类在内的灵长目动物之间的关系图。

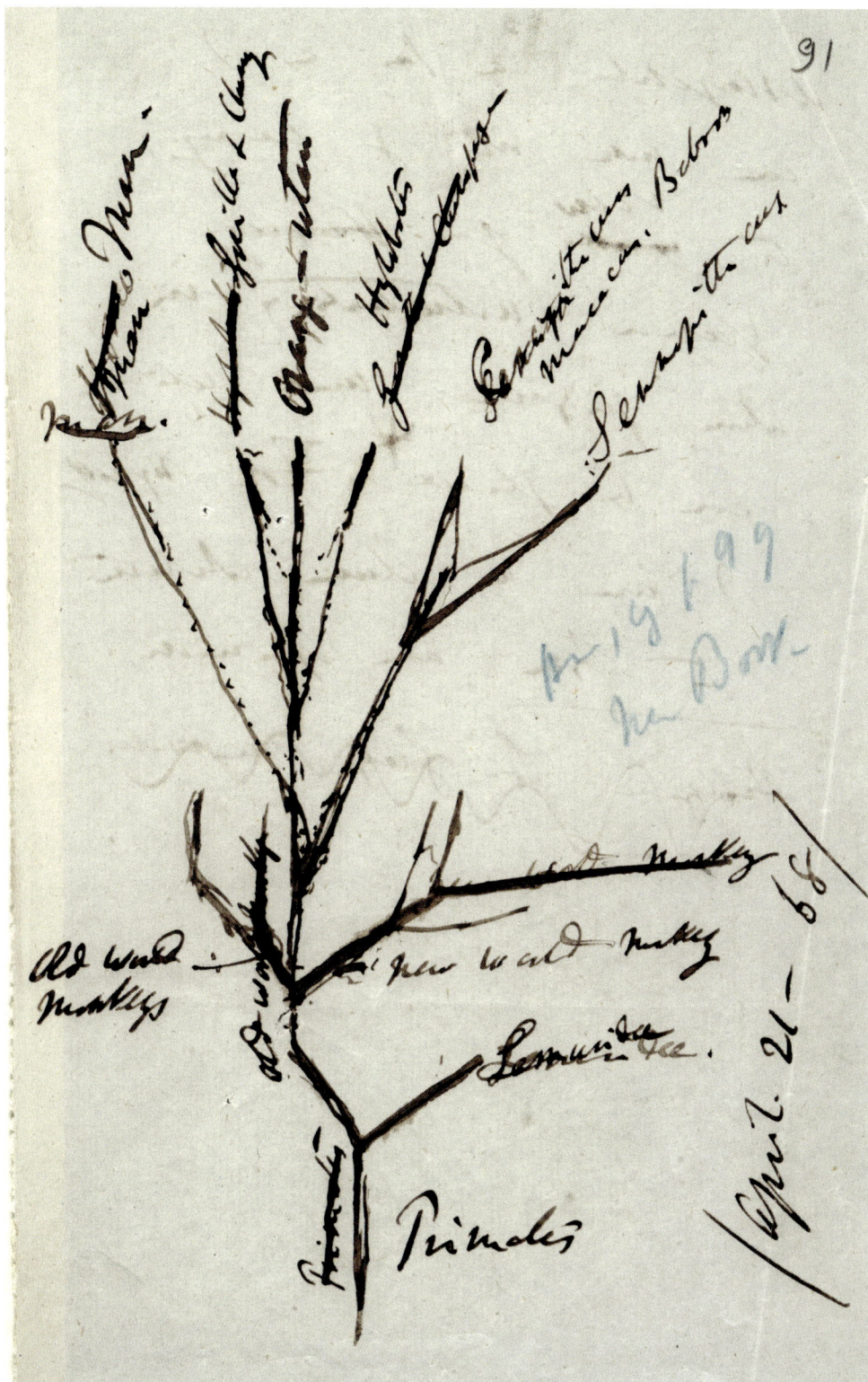

持人类源于"单一祖先"的又一证据。因为观察情感的短暂性流露是很困难的，所以达尔文在使用常用的木刻版画之外还使用了照片，这本书也成为首次采用这种呈现方法的书之一。

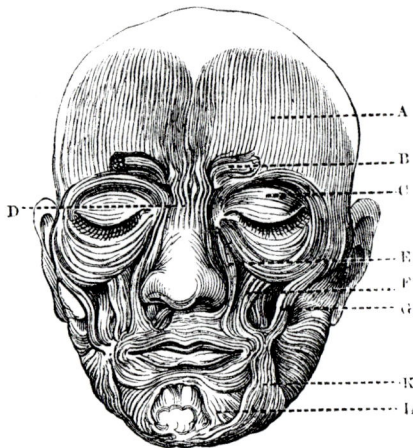

对页：一幅铅笔素描画，描绘了与《人类和动物的情感表达》（1872年）中类似的狗。上方的那条狗"怀着敌意接近另一只狗"，而下方的那条狗则"怀着一颗谦和与友爱的心"，正如达尔文在书中所注明的那样。

右图：达尔文认为，用于表达情感的面部肌肉并非前人所认为的人类独有的天赋。

情感表达三原则

达尔文认为情感表达有三个原则：

1. "与某种心态相关的可用行为成为习惯，无论在每个特定的情况下是否有用都会表现出来。"

2. "对立。通过我们一生的实践，在相反的冲动下自愿进行相反运动的习惯已经牢固地建立在我们身上。因此，如果在某种特定的情绪下有规律地表现某些行为，那么按照我们的第1个原则，在特定的情绪下则会有强烈的和非自愿的倾向表现出完全相反的行为，无论这些行为是否具有任何用处，都将在对立情绪的驱使下表现出来。"

3. "神经系统的直接行为……在身体中独立于精神意志存在，是习性的一部分。"

（查尔斯·达尔文，《人类和动物的情感表达》，1872年）

我们能够想象图中左边的人说："你这样对我出言不逊是什么意思？"右边的人则回答："我真是忍不住才这样做的。"这个感到无助的人在无意识中收缩了前额的肌肉，于是眉头皱了起来，还抬起了眉毛，同时放松了嘴部的肌肉，所以下巴牵拉得更长了。（查尔斯·达尔文，《人类和动物的情感表达》，1872年，第272页）

先哲的晚年与蚯蚓研究

在达尔文人生的最后几年，他被很多人视为世界上仍在世的最伟大的科学家。他一生中重要且革命性的科研工作为他赢得了很多卓越的勋章和奖赏。

很多人都来寻求达尔文的签名。随着摄影技术的发展，他的肖像变得妇孺皆知。自从1862年起，他就开始蓄着他那如今家喻户晓的大胡子了。

但达尔文对出名并不感兴趣，他过分谦虚地看待自己的成就。他在自传中曾有一段很著名的保守评价，作为对自己的总结："我的能力很平常，竟然在一些重要方面极大地影响了科学界的人士，这真的很令我惊讶。"在达尔文生命的最后，他还继续进行植物研究，继续在显微镜前工作，继续在重要的科研期刊上发表论文。

达尔文的最后一部著作是关于蚯蚓的，出版于1881年，也就是他逝世的前一年。这部著作在很多方面都体现了达尔文的风格。和他的其他很多著作一样，这部著作也在他最开始对这个领域感兴趣的几十年后才出版，而且他又一次解析了微小而琐碎的自然过程，发现了每天在我们脚下发生的却并不被人注意的现象，而这一过程和现象却彻底改变了我们生活的土地的表面。根据达尔文的说法，"蚯蚓在世界历史中扮演的角色比绝大多数人原本认为的都要更重要"。

达尔文指出，蚯蚓的行为对土壤有着巨大的价值，它们通过掘穴使土壤更加肥沃、透气，从而让土壤能够吸收更多的水分，也有助于植物根系的生长。

(373)

APPENDIX IV.*

HONOURS, DEGREES, SOCIETIES, &c.

Order.—Prussian Order, 'Pour le Mérite.' 1867.
Office.—County Magistrate. 1857.
Degrees.—Cambridge { B.A. 1831 [1832].† / M.A. 1837.
Hon. LL.D. 1877.
Bonn . . Hon. Doctor in Medicine and Surgery. 1868.
Breslau . Hon. Doctor in Medicine and Surgery. 1862.
Leyden . Hon. M.D. 1875.
Societies.—London . Zoological. Corresp. Member. 1831.‡
Entomological. 1833, Orig. Member.
Geological. 1836. Wollaston Medal, 1859.
Royal Geographical. 1838.
Royal. 1839. Royal Society's Medal, 1853 Copley Medal, 1864.
Linnean. 1854.
Ethnological. 1861.
Medico-Chirurgical. Hon. Member. 1868.
Baly Medal of the Royal College of Physicians, 1879.

Societies.—PROVINCIAL, COLONIAL AND INDIAN.

Royal Society of Edinburgh, 1865.
Royal Medical Society of Edinburgh, 1826. Hon. Member, 1861.
Royal Irish Academy. Hon. Member, 1866.

* The list has been compiled from the diplomas and letters in my father's possession, and is no doubt incomplete, as he seems to have lost or mislaid some of the papers received from foreign Societies. Where the name of a foreign Society (excluding those in the United States) is given in English, it is a translation of the Latin (or in one case Russian) of the original Diploma.

† See vol. i. p. 163.

‡ He afterwards became a Fellow of the Society.

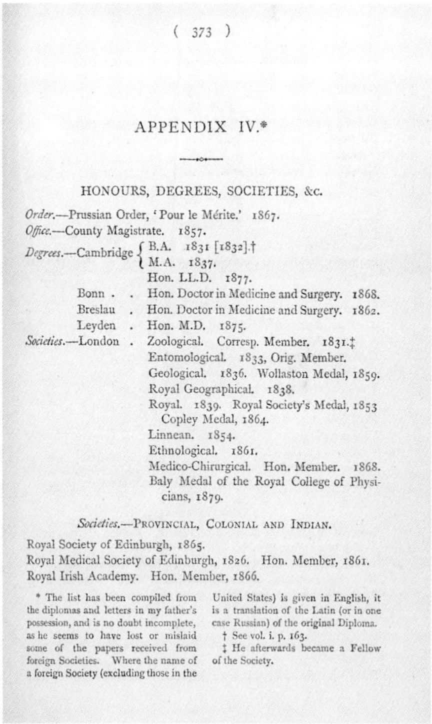

对页：1874年的达尔文，由艾略特（Elliott）和弗雷（Fry）所绘，并由伦敦自然历史博物馆着色。

右图：达尔文被世界各地的大学和科研机构授予荣誉会员、荣誉学位和勋章。

宗教观念

很多人致信达尔文询问他的宗教信仰观，而这是他选择隐去发表的部分。他的儿子弗朗西斯回忆道："他强烈地认为人的信仰是件非常私人的事情，是件只关乎自己的事情。"很多人问道，人能不能同时信仰上帝和进化论。达尔文回复道："我认为，去质疑一位热忱的有神论兼进化论信仰者是很荒谬的。"因为很多人两者都信。"我可能会说，我的判断会常常变化……在波动最厉害的时候，我绝非无神论者，我不会拒绝相信上帝的存在。我觉得不可知论者是对我思想状态大概更为准确的描述，且年龄越大越是如此，但也并非一成不变。"

左图：弗朗西斯·达尔文年轻的时候。他的父亲去世后，他通过回忆和信件，出版了《达尔文的生平与信件》（1887年）一书。

这本书中充满了他为解开自然界的谜团所投入的近乎童稚般的热情。通过细致的测量和实验，达尔文指出，所有的腐殖土都被蚯蚓钻过很多次，而且还将被其钻更多次。早期学者低估了蚯蚓的能力，他们被批评"不能很好地总结不断发生的因素所带来的影响，这往往会阻碍科学的进程，就像阻碍以前的地质学及最近的进化论一样"。

达尔文指出，人们之所以在地下发现了古老的遗迹和文物，是因为它们被蚯蚓破坏并掩埋。蚯蚓会把小堆小堆的粪便向上推出洞穴。实际上，这些小到可以通过蚯蚓身体的粪便不断地推高地表。达尔文通过计算得出，大概每6英亩地一年会有8吨蚯蚓粪，较大的物体因此慢慢沉入不断上升的蚯蚓土壤中。达尔文曾用包括巨石阵的石头和他花园中"一块又大又平的石头"在内的很多石头进行测量。他花园中的那块石头现被称为"蚯蚓之石"。

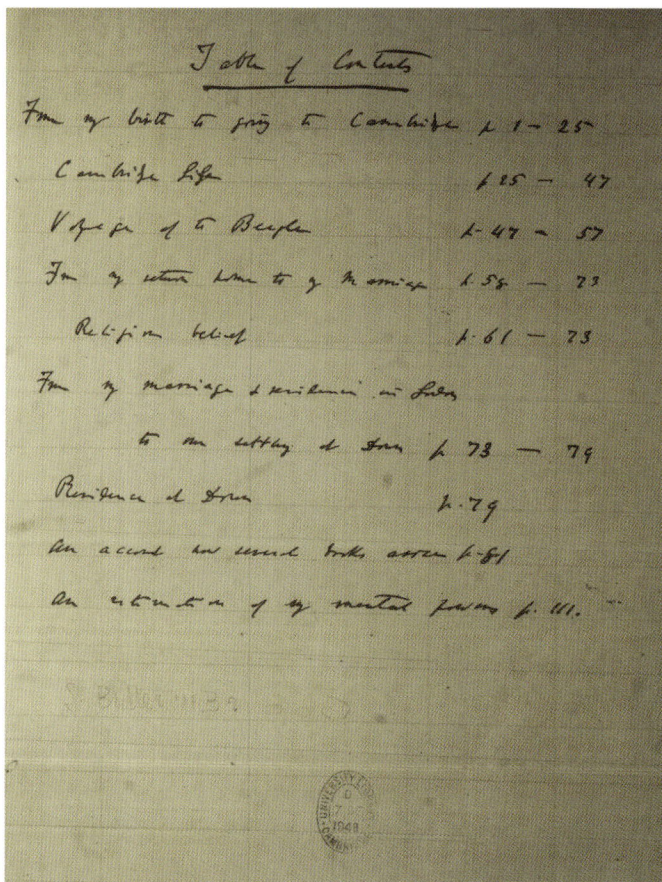

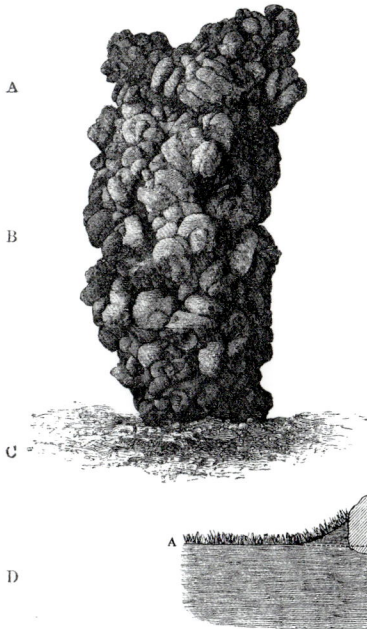

左一：一片田野中土壤的截面图。其中，B层中的物质被蚯蚓推高，C层的石头因此被掩埋。

左二：几十年来，达尔文一直关注并收集有关蚯蚓粪的信息。

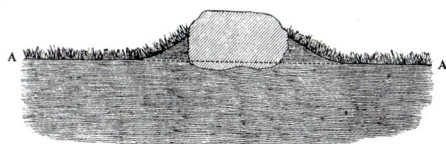

蚯蚓实验

达尔文有几个最有意思的关于蚯蚓的实验。"蚯蚓没有任何听力，当尖锐的金属哨声在它们旁边反复响起，也不会引起它们的一丝注意。它们也听不到哪怕最低沉、最响亮的贝斯声。它们对叫喊声也没有任何反应，如果你注意别用呼吸惊动它们的话。当把它们放在靠近钢琴琴键非常近的桌子上并尽可能大声弹响琴键的时候，它们仍然表现得非常安静。"达尔文甚至在夜里蹑手蹑脚地举着一盏灯下楼，看看花盆里养着的蚯蚓对光线是否有反应。

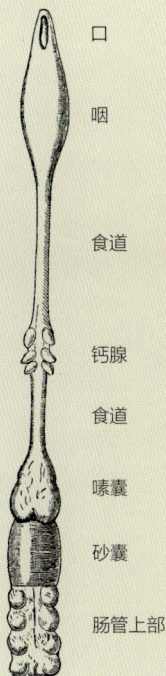

右图：一张表明蚯蚓消化道结构的图。

口
咽
食道
钙腺
食道
嗉囊
砂囊
肠管上部

对页：达尔文为家人手写的目录，源自《达尔文自传》。

上图：根据达尔文最初的图注，这是一块在草地里静置了35年的大石头的横切面。A-A为草地的基准线，下面的碎石和杂土没有画出来。（比例为1∶24。）

达尔文曾写道："当我们看到一大片宽阔的草地时，我们应该记住其美丽所依赖的平整主要是蚯蚓的功劳，是蚯蚓将其慢慢化凹凸为平坦的。想到这些大片的土地都被蚯蚓钻过，而且每隔几年土地会被再次疏松，真是太神奇了。"

这部关于蚯蚓的著作相当畅销，一开始甚至超过了《物种起源》的销量。

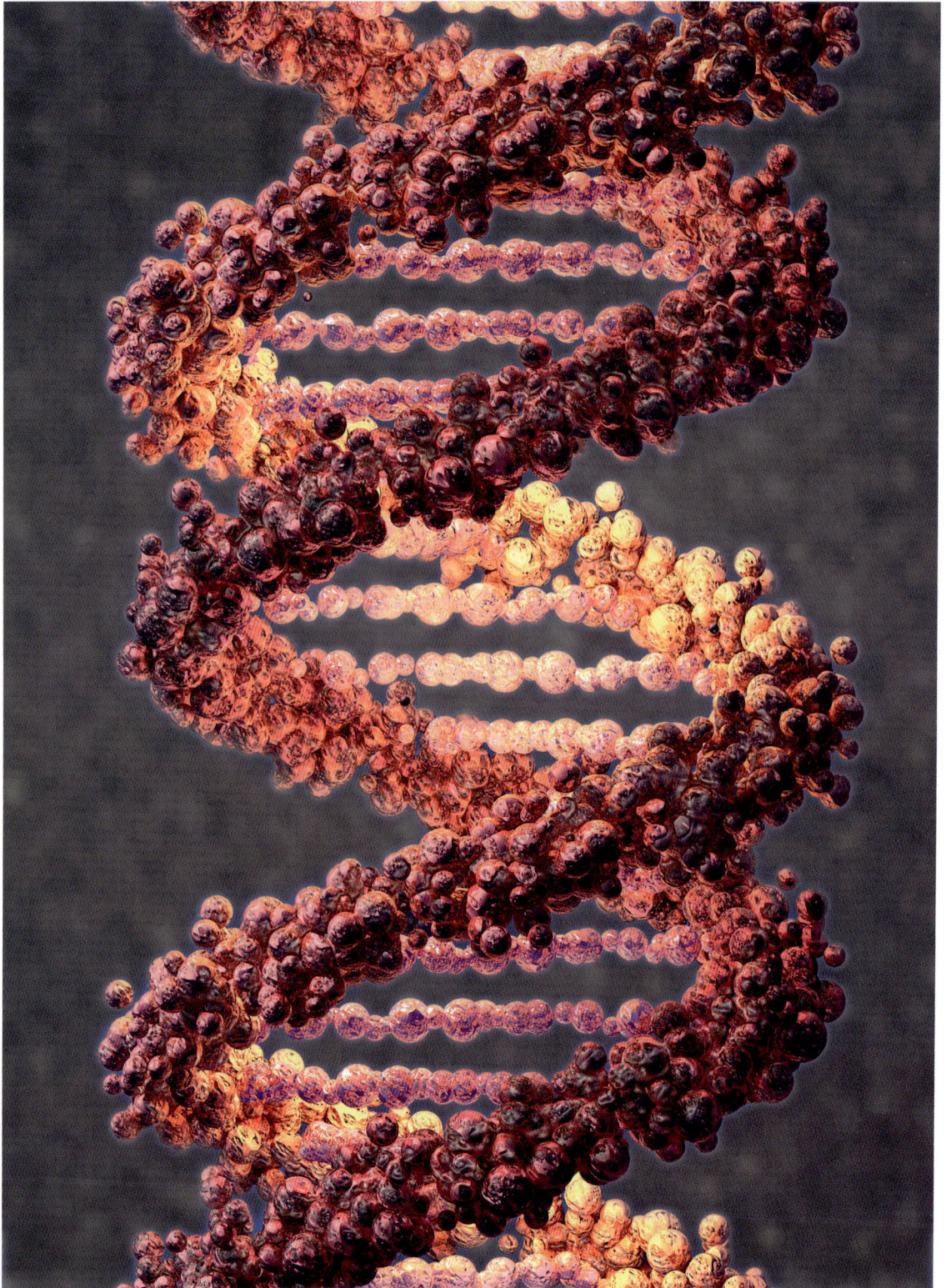

达尔文的逝世与他的遗产

弗朗西斯·达尔文这样描述他父亲的死亡："4月18日的夜晚，大概差一刻钟到12点的时候，他突然发病，陷入昏迷，好不容易才让他恢复意识。"

达尔文似乎已经意识到了死亡的来临，他说："我一点儿也不怕死。"1882年4月19日，星期三，大约四点钟的时候，他离开了这个世界。

自从20世纪早期就开始出现一些传闻，特别是在美国，声称达尔文在临终时摒弃了进化论，重新信奉了基督教。在这些传闻出现之初，达尔文的家人就强力地进行了驳斥，但这些传闻现在仍在流传，特别是在那些希望它们为真事的人之间。

尽管达尔文原本打算葬于道恩的圣玛丽教堂墓地，但英国科学界和英国国教的很多重要人物觉得他们这位杰出的同胞应该葬在威斯敏斯特大教堂，并很快就做出了这样的安排。达尔文于1882年4月26日的国葬后在此下葬。

自达尔文逝世以后一个多世纪的时间里，人们发现了大量关于生物运行规律和地球历史的新知识，这在人类历史上是史无前例的。然而，达尔文肯定想不到，所有这些工作都证实了他的根本观点。更多化石的发现，遗传学和DNA的发现，以及其他大量的发现使达尔文的进化论如今像万有引力定律一样站稳了脚跟。达尔文的理论揭开了整个自然界的面纱。

具体来说，DNA细致而精确地证实了

对页：DNA直到达尔文逝世后很多年才被发现。它的发现解开了很多曾困扰达尔文的遗传谜团。

右图：《达尔文在威斯敏斯特大教堂的葬礼》，源自《画报》（ The Graphic ），1882年4月29日。

所有现生物种之间的谱系关系，板块构造学说使曾经看起来神秘莫测的动植物分布有了合理的解释，例如有袋目动物只生活在美洲和澳洲。

在化石记录中发现的不计其数的中间过渡类型，可以填补古代祖先族群和现代族群之间的某些空白，例如1931年首次发现于格陵兰岛的鱼石螈是一种介于鱼类和两栖动物之间的过渡物种。这种早期的四足动物是所有陆生脊椎动物的祖先，尤其是鳍中有类似五根指骨构造的脊椎动物（这也能解释为什么我们一只手有五根手指，一只脚有五根脚趾）。最近发现的陆行鲸将现代鲸鱼与类鳄鱼的哺乳类动物联系起来。其实，从鱼类到两栖动物，从两栖动物到早期的爬行动物，从爬行动物到

上图：陆行鲸，又称走鲸，是一种已经灭绝的鲸鱼的陆生祖先。如达尔文所预言的，这是很多中间过渡类型中的一种。

上图：达尔文逝世后，世界各地发布了成百上千份讣告，上图的讣告印刷于德国马格德堡。

达尔文的讣告

达尔文的逝世在许许多多不同的国家被广为报道，成百上千份讣告被印刷出来。我们可以看出，达尔文在他那个时代有多么德高望重。

"他是我们这个时代最伟大的博物学家，或许也是有史以来最伟大的博物学家。"

——英国《每日电讯报》

"自从人类首次开始思索周围的世界以来，也许没有哪个人像达尔文那样超前地发现了真知灼见，并见证了这些理论被同时代的人所接受。"

——美国《每日新闻报》

"他是这个时代中英国最伟大的科学发现者。"

——美国《纽约时报》

"……他超越了曾经的任何一个人，给几个世纪以来的科学研究添上了画龙点睛之笔，在人类的思想历程上留下他的烙印。"

——英国《学报》

早期的哺乳动物，从爬行动物到鸟类，以及从普通猿类到人类，有成千上万的过渡物种将它们联系起来。在某种意义上，所有的物种和化石都是过渡种。每个物种都是一条漫长且延续的世代进化线上的一个点，只有完全灭绝时才会终止。

对于很多人来说，人类祖先的发现是最令人激动和兴奋的。对于这一切，达尔文最功不可没。

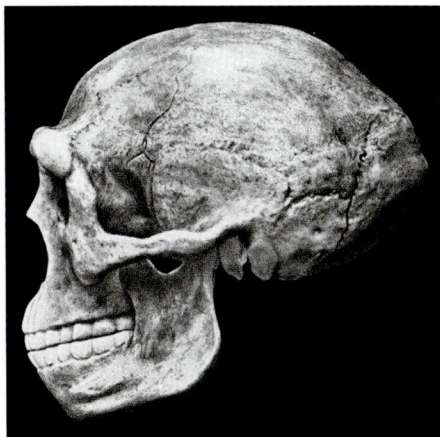

人类思想的革命

阿尔弗雷德·拉塞尔·华莱士曾说，达尔文"这位哲学家在长达四分之一世纪的时间里给人类思想带来了一场伟大的革命，他的成就超越了同时代的任何人，甚至超越了有史以来的任何人……他赋予我们理解生命的新概念，以及一个本身就是强有力的研究工具的理论；他向我们展示了如何将不同领域的研究者所积累起来的科研成果结合为一个整体，从而为整个自然界的研究带来一场革命性的剧变。"[威廉·本杰明·卡朋特，《达尔文的人生与事业》（*Charles Darwin: his life and work*），《现代评论》（*Modern Review*），1882年第3期（第500～524页），第523页]

上图：重塑的直立人头骨。如达尔文所预言的，介于现代人类和更早的灵长目动物之间的生物化石被不断地发现。

右上图：由阿方斯·勒格罗（Alphonse Legros）于1881年制作的青铜纪念章。在皇家学会的一次会议上，勒格罗在一个信封的背面给达尔文画了一幅粗略的速写。

右图：什鲁斯伯里图书馆（原什鲁斯伯里学校，达尔文曾是这里的寄宿生）外的达尔文石像，由霍勒斯·芒福德（Horace Mountford）制作于1905年。

FUNERAL OF MR. DARWIN.

WESTMINSTER ABBEY,

Wednesday, April 26th, 1882.

AT 12 O'CLOCK PRECISELY.

Admit the Bearer at Eleven o'clock to the

JERUSALEM CHAMBER.

(Entrance by Dean's Yard.)

G. G. BRADLEY, D.D.

Dean.

N.B.—No Person will be admitted except in mourning.

左图：一张达尔文葬礼的入场券。出席者被安排在大教堂的不同方位，这一张是唱诗班的，需着丧服。

下图和对页：一张是1882年4月26日在威斯敏斯特大教堂举行的达尔文葬礼的送葬行列顺序，另一张是位列牧师会礼堂的前来吊唁的最杰出宾客的名单。

FUNERAL OF MR. DARWIN,

WESTMINSTER ABBEY,

APRIL 26TH, 1882,

ORDER OF PROCESSION.

The Choir,

The Minor Canons.

The Canon's Verger.

The Canons.

The Dean's Verger.

The Chapter Clerk] The Senior Canon. [The Receiver.

Sir J Lubbock   Canon Farrar
5 Pall Bearers Huxley   Mr Spottiswoode 5 Pall Bearers.
                J R Lowell   Mr Bettenwoode
                D of Devonshire D of Derby
                A R Wallace   D of Argyll

THE BODY.

ARW ought to have been at other end

The Chief Mourner.

The Mourners in Succession.

The Servants.

The Scientific Bodies from the Chapter House.

THE FUNERAL OF THE LATE MR. DARWIN,

List of Mourners invited to attend in the

Chapter House.

Ambassadors

The Marquis of Salisbury, K.G. Chancellor of the University of Oxford
Lord Aberdare, President of the Geographical Society
The Right Hon. The Speaker.
Rt. Hon. H. Childers, M.P.
Rt. Hon. Sir Stafford Northcote, Bart. M.P.
Right Hon. H. Fawcett, M.P., Postmaster General.
Rt. Hon. A. J. Mundella, Vice President of the Council
Sir Thomas Brassey, K.C.B.
Rt. Hon. Sir Charles Dilke, Bart. M.P.
Lord Kensington, M.P.
Rt. Hon. A. J. Beresford Hope, M.P. (for the University, Cambridge)
Rt. Hon. Spencer Walpole, M.P. (for the University of Cambridge)
Rt. Hon. Sir J. R. Mowbray, Bart., M.P. (for the University of Oxford)
J. G. Talbot, Esq., M.P. for Oxford University
J. A. Campbell, M.P. (for the Universities Glasgow and Aberdeen)
Lord Arthur Russell, M.P.
Rt. Hon. David Plunket, M.P. for the Dublin University
Rt. Hon. Edward Gibson, Q.C. M.P. for the Dublin University)
Rt. Hon. Dr. Lyon Playfair, M.P.
Sir Farrer Herschell, Q.C., M.P.
Sir David Wedderburn, Bart., M.P.
Sir Henry Holland, Bart., M.P.
Neville Storey Maskelyne, Esq., M.P.
R. B. Martin, Esq., M.P.
H. Broadhurst, Esq., M.P.
T. Burt, Esq., M.P.
Professor James Bryce, M.P.
The Reverend The Vice Chancellor of the University of Oxford
The Rev. The Master of Balliol,
The Regius Professor of Medicine, Dr. Acland.
The Linacre Professor of Zoology.
(As representing the University of Oxford.)
The President of the College of Surgeons.
The President of the College of Physicians
The Council of the Royal Society

The Council of the Linnean Society
The Council of the Royal Geographical Society
The Council of the Geological Society
The Reverend The Master of Christ's College, Cambridge
The Reverend The Master of Balliol College, Oxford
The Reverend the Head Master of the Grammar School, Shrewsbury
The Reverend Professor Kennedy
The Reverend Professor Pritchard, F.R.S.
Professor Humphry, F.R.S.
Professor Max Muller
Professor Henry S. Smith, F.R.S.
Professor Prestwick, F.R.S.
Professor Hirst, F.R.S.
Professor Mosely, F.R.S.
Professor Babington, F.R.S.
Professor De Chaumont, F.R.S.
Professor Sir William Thomson, F.R.S.
Sir John Hawkshaw
Dr. W. B. Carpenter, C.B., F.R.S.
Ray Lankester, Esq., F.R.S.
Sir Henry Maine, K.C.S.I.
John Simon, Esq. C.B.
Professor W. Chandler Robertss, F.R.S.
John Murray, Esq.
Captain Douglas Galton, Secretary of British Association for Advancement in Science
W. Ouless, Esq., R.A.
Professor W. B. Richmond, R.A.
George Atherley, Esq.
W. Dallas, Esq.
H. W. Bates, Esq.
Walter White, Esq.
J. W. Judd, Esq.
G. A. Spottiswoode, Esq.
E. C. Hankinson, Esq.
John Morley, Esq.
R. H. Hutton, Esq.
W. E. Leckie, Esq.
Frederick Harrison, Esq.
Captain Abney, R.E.
Frederick Pollock, Esq.
W. R. S. Ralston, Esq.

Funeral Procession

Chief mourner

W. E. Darwin

George Darwin	Mrs Wm Darwin
Miss Darwin	Mrs Litchfield
Francis Darwin	R B Litchfield
Horace Darwin	Mr Leonard Darwin
Mr Darwin of Elston	Mrs Horace Darwin
Chas. Darwin	✕ F. A. Darwin
Mr Vaughan Williams	Reginald Darwin
Charles Parke	Miss Wedgwood
H. F. Bristowe	Robt Parker
Ernest Wedgwood	Francis Galton
Frances Wedgwood	Hensleigh Wedgwood
✕ T. H. Farrer	Amy Wedgwood
Godfrey Wedgwood	~~Mrs Farrer~~
Mrs Ruck	Arthur Wedgwood
J. C. Hawkshaw	Mrs Hawkshaw
Geo. Allen	Henry Allen
Jackson	Parslow

✕ T. H. F. was too late to walk in the procession

资料来源

Chapter 1
"we find no vestige" James Hutton *Theory of the Earth*, 1788.

Chapter 3
"curiously constructed" N Barlow ed., *The Autobiography of Charles Darwin 1809–1882. With the original omissions restored*. London: Collins, 1958, p. 22.

Chapter 4
"wretched microscope…" *Autobiography*, p. 50.
"During my second year" *Autobiography*, p. 52.
"a very pleasant and intelligent man" *Autobiography*, p. 51.
"[The chemistry] was the best part" *Autobiography*, p. 46.
"I also became" *Autobiography*, p.50.

Chapter 5
"the man who walks" Autobiography, p. 64.
"in old court" Letter to W E Darwin 15 October 1858, *The Correspondence of Charles Darwin*. vol 7, p. 170
"Upon the whole" *Autobiography*, p. 68. "one day, on tearing" *Autobiography*, p. 62.

Chapter 6
"If you can find" *Autobiography*, p. 71.
"a man of enlarged" J Wedgwood to R Darwin 31 August 1831, *Autobiography*, p. 230.
"Anxious that no opportunity" R. FitzRoy, *Narrative of the surveying voyages of His Majesty's Ships Adventure and Beagle between the years 1826 and 1836...* London: Henry Colburn, 1839, vol 2, p. 18.

Chapter 7
"for quoting the Bible" *Autobiography*, p. 85.
"showed me clearly" *Autobiography*, p. 77.

Chapter 8
"a man that knows every thing" FitzRoy, *Narrative*, p. 104.
"The Gauchos roared" Darwin, *Journal and remarks. 1832–1836*. London: Henry Colburn, 1839, p. 51.
"Ship not arrived" Darwin, "Falkland Maldonado (excursion) Rio Negro to Bahia Blanca" (2–5.1833; 8.1833). *Beagle field notebook*. EH1.14, [p. 129a].
"head, neck" Darwin, *Journal*, p. 108.

Chapter 9
"we may feel certain" Darwin ed., *The zoology of the voyage of H.M.S. Beagle. Fossil Mammalia. By Richard Owen*. London: Smith Elder, 1838, p. 5.

Chapter 10
"daily increases" R D Keynes ed., *Charles Darwin's Beagle diary*. Cambridge: University Press, 2001, p. 65.
"It was without exception…" Keynes, *Beagle diary*, p. 122.
"The skin is dirty copper" Keynes, *Beagle diary*, p. 122.
"a woman, who was suckling" Darwin, *Journal*, p. 235.

"For a moment, our position" FitzRoy, *Narrative*, p. 125.
"It was quite painful" Keynes, *Beagle diary*, p. 226.

Chapter 11
"An earthquake like" Keynes, *Beagle diary*, p. 292.
"The Earthquake & Volcano" Keynes, *Beagle diary*, p. 302.
"It is amusing to find" Keynes, *Beagle diary*, p. 340.
"Darwin's finches" P R Lowe, "The finches of the Galapagos in relation to Darwin's conception of species", *Ibis*, 1936, 310–21, p. 310.

Chapter 13
"saw several of those" Darwin, *Journal of researches*, 2d ed, p. 402.
"I had been lying" Keynes, *Beagle diary*, p. 402.
"Farewell Australia" Keynes, *Beagle diary*, p. 413.
"I received a letter" Autobiography, p. 81.
"the town is situated" Darwin *Journal of researches* 1839 p. 363
"When I recollect" N Barlow ed. 1963. *Darwin's ornithological notes*. *Bulletin of the British Museum (Natural History). Historical Series* vol 2, No. 7, p. 201–278, p. 262.

Chapter 14
"after an absence", Darwin's personal "Journal" (1809–1881), Cambridge University Library (CUL) DAR158.1–76, p. 11.
"Freedom to go", Darwin, Memorandum on marriage. (7.1838) CUL DAR210.8.2.

Chapter 15
"One of the most" quoted in Darwin, *Journal of researches* London: John Murray, 1890, p. 5.
"When finding, as in this" *Journal*, p. 353.
"Unless we suppose" *Journal*, p. 399–400.
"the living sloths …" *Journal of researches*, 2d ed, p. 173.
"a most singular group…" *Journal of researches*, 2d ed, p. 379.
"Seeing this gradation" *Journal of researches*, 2d ed, p. 380.
"That some degree" Darwin, "On certain areas of elevation and subsidence in the Pacific and Indian oceans, as deduced from the study of coral formations" *Proceedings of the Geological Society of London* 2 (1837): 552–554, p. 544.
"On the connexion" Darwin, C R 1838. On the connexion of certain volcanic phænomena, and on the formation of mountain-chains and volcanos, as the effects of continental elevations. (Read 7 March) Proceedings of the Geological Society of London 2: 654–660.
"The most curious fact" Darwin, C R 1845. *Journal of researches into the natural history and geology of the countries visited during the voyage of H.M.S. Beagle round the world, under the Command of Capt. Fitz Roy, R N* 2d edition. London: John Murray. pp. 379–80

Chapter 16
"their habits, ranges" Prospectus. In Darwin ed., *The zoology of the voyage of H.M.S. Beagle. Mammalia. By George R. Waterhouse*. London: Smith Elder and Co, 1838.
"it appears strange" *Mammalia*, p. 81.

Chapter 17
"In the early part of 1844" *Autobiography*, p. 116.

Chapter 18
"bang your bones" H E Litchfield ed. *Emma Darwin, A century of family letters, 1792–1896*. London: John Murray, 1915, vol 2, p. 221.

Chapter 19
"where does he do" F Darwin & A C Seward eds., *More letters of Charles Darwin*. London: John Murray, 1903, vol 1, p. 38.
"beloved" Darwin to R Owen, 26 March 1848, CCD4:126.
"confounded" Darwin to J D Hooker, 13 June, 1850 CCD4:343.
"I hate a Barnacle" Darwin to W D Fox 24 October 1852, CCD5:99.
"began sorting notes" CUL DAR158.1–76, p. 32.

Chapter 20
"to adapt & alter" Notebook B CUL DAR121, p. 4.
"species are not" Darwin to J D Hooker, 11 January 1844, Burkhardt F H et al eds 1985–. *The correspondence of Charles Darwin*. Cambridge: University Press, vol 3, p. 2. (Henceforth CCD)
"When I saw your bundle" Darwin to O Salvin 12 October (1871) Calendar number 8005a private collection.
"In October" *Autobiography*, p. 120.

Chapter 21
"the theory of descent" Darwin, *On the origin of species by means of natural selection, or the preservation of favoured races in the struggle for life*. London: John Murray, 1859, p. 343.
"Light will be thrown" *Origin*, p. 488.
"no doubt the chief" *Autobiography* p. 122.
"Hardly any" Darwin, C R 1866. *On the origin of species by means of natural selection, or the preservation of favoured races in the struggle for life*. London: John Murray. 4th edition. p. 367.

Chapter 22
"deserted the true", A Sedgwick, "Objections to Mr Darwin's theory of the origin of species", *Spectator* 1860 (24 March): 285–6, p. 286.
"I have read your" Sedgwick to Darwin 24 November 1859 CCD7:396.
"I have heard" Darwin to C Lyell, 10 December 1859, CCD7:427.
"Your leading idea" H C Watson to Darwin 21 November 1859, CCD7:385.
"The history of", W B Carpenter, "Darwin on the Origin of Species", *National Review* 1860, 10: 188-214, p. 214.

Chapter 24
"was begun…in the" *Autobiography*, p. 130.
"No part of the …" Darwin, The variation of animals and plants under domestication. London: John Murray, 1868, vol 2, p. 408.
"we have abundant" Variation vol 2, 414.
"To exhume" Darwin, C R 1868. *The variation of animals and plants under domestication*. London: John Murray. First edition, first issue. Volume 1. pp. 10–11

Chapter 25
"tendrils consist of" Darwin, *The movements and habits of climbing plants*. 2d ed. London: John Murray, 1875, p. 193.
"It has often been" *Climbing plants*. 2nd ed., p. 206.
"might thus be converted" Darwin, *Insectivorous Plants*. London: John Murray, 1875, p. 363.
"It has now been shown" Darwin, C R 1880. *The power of movement in plants*. London: John Murray. p. 569.

Chapter 26
"with the determination" *Descent* vol 1, p. 1.
"Light will be thrown" *Origin*, p. 488.
"During many years" *Descent* vol 1, p. 5.
"On any other view" *Descent* vol 1, p. 31.
"It seemed probable" Darwin, *The expression of the emotions in man and animals*. London: John Murray, 1872, p. 19.

Chapter 27
"With such moderate" *Autobiography*, p. 145.
"Worms have played" Darwin, *The formation of vegetable mould, through the action of worms, with observations on their habits*. London: John Murray, 1881, p. 305.
"all the vegetable mould" *Worms*, p. 4.
"inability to sum up" *Worms*, p. 6.
"a large flat stone" *Worms*, p. 119.
"When we behold" *Worms*, p. 313.
"Worms do not possess" *Worms*, p. 26.
"He felt strongly" F Darwin ed. The *life and letters of Charles Darwin*. London: John Murray, 1887, vol 1, p. 304.
"It seems to me absurd…" Darwin to J Fordyce 7 May 1879 CUL DAR139.12.12.

Chapter 28
"During the night" *Life and letters* vol 3, p. 358.
"that connecting-links" *Descent* vol 1, p. 185.
"the Philosopher who" W B Carpenter, Charles Darwin: his life and work. *Modern Review* 1882, 3: 500–24, p. 523.

原著索引

（斜体页码内有详细介绍）